COMMISSION HISTORIQUE ET ARCHÉOLOGIQUE DE LA MAYENNE

APPENDICE AU TOME V

SIGILLOGRAPHIE

DES

SEIGNEURS DE LAVAL

1095 - 1605

PAR

BERTRAND DE BROUSSILLON ET PAUL DE FARCY

MAMERS

G. FLEURY ET A. DANGIN, IMPRIMEURS-ÉDITEURS

1888

SIGILLOGRAPHIE

DES

SEIGNEURS DE LAVAL

Le sceau, dont l'étude fournit aux diverses branches de l'archéologie des lumières d'autant plus précieuses qu'il a échappé à la falsification d'une façon presque absolue, est de tous les objets ayant appartenu aux générations qui ont précédé notre époque, celui qui nous présente le mieux la personnalité de son possesseur. Il y est représenté en costume de cérémonie ou de chasse, revêtu de l'armure de guerre ou de la cotte d'armes des tournois, et y figure avec une exactitude suffisante pour constituer une sorte de portrait ressemblant et fidèle dans la plupart de ses détails (1).

Au lendemain de la publication du *Mémoire* de Bourjolly (2) il nous a semblé utile de reconstituer la sigillogra-

(1) Voir comte de Laborde, page VI de l'Introduction de l'*Inventaire des sceaux des Archives*.

(2) Maucourt de Bourjolly. — *Mémoire sur la ville de Laval* texte établi et annoté par Jules Le Fizelier, publié avec de nouvelles recherches par Bertrand de Broussillon. Laval, Moreau, 1886, 2 in-8º de XXVII-407-395 p. Notes de M. de la Beauluère. Laval, Moreau, 1886, in-8º de 122 p.

1

phie. des Laval : là en effet se trouvent le complément naturel de leur histoire et le contrôle le plus sûr de ses affirmations. , ;

Notre travail comprend tous les sceaux des possesseurs de la seigneurie de Laval antérieurs aux La Trémoïlle (1), ainsi que ceux des divers personnages de leur race. En les rapprochant les uns des autres, en y joignant ceux de leurs alliés les plus proches, en y ajoutant les monuments érigés autrefois en leur honneur, nous avons pu déterminer les familles où ils ont pris leurs alliances, celles où sont entrées leurs filles ; et même, en constatant diverses modifications introduites dans leur blason, préciser l'époque où certains fiefs ont fait partie de leur patrimoine.

De tous les monuments que nous avons réunis, le Maine ne possède qu'un nombre minime ; les autres sont conservés à Paris ou disséminés dans diverses provinces. Nous avons été aidés dans nos recherches par la grande collection (2) de moulages réunie aux Archives nationales et par les inventaires qui en ont été publiés par MM. Douet d'Arcq et G. Demay (3). En dehors d'elle nous avons fait

(1) Jusqu'en 1605 les seigneurs de Laval négligèrent leurs autres noms pour se prévaloir de celui de Guy de Laval. Les La Trémoïlle au contraire ne prirent pas le nom de Guy et se bornèrent à comprendre Laval dans l'énumération des comtés dont ils étaient seigneurs. Nos recherches du reste eussent fait double emploi avec celles que M. le duc de la Trémoïlle a publiées dans son splendide *Chartrier de Thouars*.

(2) Cette collection comprend 36,900 sceaux dont les moulages à un prix minime sont à la disposition du public. Ils sont inventoriés et minutieusement décrits dans les trois volumes de l'*Inventaire des sceaux des Archives* de M. Douet d'Arcq et dans les inventaires de M. G. Demay : *Sceaux de Flandre, Sceaux de l'Artois et de la Picardie, Sceaux de la Normandie, Sceaux de la collection Clairambault*. Il faut dépouiller simultanément tous ces ouvrages qui mentionnent non pas tant les sceaux relatifs à la province dont ils portent le nom que ceux qui sont conservés sur son territoire.

Il est regrettable que les empreintes d'un même sceau données à des époques différentes n'aient pas été signalées.

(3) M. Demay, en opérant le moulage des sceaux de la collection réunie par Gaignières, et qui porte le nom de collection Clairambault parce

quelques trouvailles dans les pièces originales conservées au fonds français de la Bibliothèque de la rue Richelieu et dans les dessins réunis par le grand curieux du XVII° siècle, Gaignières, dont l'archéologue, pour suppléer aux destructions opérées par la Révolution, doit consulter sans cesse les collections. Nous avons reproduit quelques uns des sceaux dessinés par M. Blancard dans son Iconographie des sceaux du département des Bouches-du-Rhône et nous avons fait divers emprunts aux inventaires des sceaux des Basses-Pyrénées, de la Haute-Marne (1), etc.

Messieurs Eugène Hucher et Gabriel Fleury ont bien voulu nous autoriser à reproduire les dessins qu'ils ont publiés (2). Nous les remercions de la parfaite bonne grâce avec laquelle ils nous ont prêté leurs bois. Tous les autres monuments donnés par nous sont des nouveaux venus pour la science locale qui sera désormais en mesure d'en tenir un compte proportionné à l'intérêt qu'ils présentent.

qu'elle a été achetée par le généalogiste du roi, s'est contenté de choisir les empreintes qui lui ont semblé les plus intéressantes, de sorte qu'il a laissé beaucoup trop à glaner derrière lui.

(1) *Iconographie des sceaux et bulles conservés aux archives des Bouches-du-Rhône*, par Louis Blancard ; Marseille, 1860, 2 vol. in-4° de 323-LX p. et 114 planches.

Sceaux des Archives des Basses-Pyrénées, par M. Paul Raymond, Pau, 1874, 386 p. in-8°. Cet ouvrage contient la description de 1077 sceaux.

Inventaire sommaire des sceaux originaux des Archives de la Haute-Marne, par M. de Fleury, au tome X, p. 481 de la *Revue Nobiliaire historique et héraldique*. Cet ouvrage contient l'énumération de 627 sceaux.

(2) E. Hucher, *Monuments funéraires et sigillographiques des vicomtes de Beaumont au Maine*. — G. Fleury, *Cartulaire de l'abbaye cistercienne de Perseigne*.

GUY IV

1095-1144

Nous plaçons en tête de notre travail un sceau (nº 2554 des Archives nationales), considéré jusqu'ici comme ayant appartenu à une charte de 1095. Telle est en effet la date que lui assigne l'*Inventaire* de M. Douet d'Arcq et celle sous laquelle à deux reprises il figure dans l'*Histoire du Costume* (1) de M. Demay, si compétent sur toutes les questions sigillographiques. Appartenant à cette époque reculée il serait un monument unique, le seul spécimen de sceau seigneurial du XIᵉ siècle, parvenu jusqu'à nous. Malheureu-

1. — Sceau attribué à Guy IV.

sement cette date est loin d'être incontestable ; l'empreinte en cire est conservée à la mairie de Tours, au milieu d'une collection de sceaux détachés et dont il est impossible aujourd'hui de contrôler la provenance. Personne ne sait pour quel motif elle a été attribuée au XIᵉ siècle plutôt qu'au XIIᵉ. En la comparant au sceau de Guy V (nº 345 des *Sceaux*

(1) Pages 111 et 150.

de Normandie), nous avons reconnu l'identité des deux empreintes, sorties l'une et l'autre de la même matrice et nous n'hésitons pas à restituer à Guy V le prétendu sceau de 1095.

A l'époque de Guy IV appartient la tombe de son beau-frère, Raoul II de Beaumont. Bourjolly (1) a relaté l'alliance d'un Beaumont et d'une Laval avec timidité, comme un fait mentionné sans preuves suffisantes par Le Blanc de la Vignoles. Plus heureux que lui nous avons sous les yeux la charte 626 du *Cartulaire de Saint-Vincent*, et nous pouvons affirmer qu'en 1095 « Raoul, fils du vicomte Hubert, épousa une sœur de Guy de Laval ».

En 1846, amené à Etival-en-Charnie par les fonctions qu'il exerçait alors, M. Eugène Hucher trouva dans les ruines de l'ancien monastère quatre statues des seigneurs de Beaumont, qui allaient être converties en moëllons ; avec l'aide de la Société française d'archéologie, il en fit l'acquisition pour le Musée archéologique du Mans. L'une d'elles était celle de Raoul II, le fondateur d'Etival, et « très certainement l'un des plus anciens spécimens de la statuaire civile française ». Nous reproduisons le dessin publié (2) par M. Hucher.

La statue est représentée, non pas telle qu'elle est aujourd'hui, mais avec des restitutions empruntées à un dessin que Gaignières en avait fait faire, avant les mutilations qui lui ont été infligées à la fin du XVIIIᵉ siècle. Raoul II fut seigneur de Beaumont de 1087 à 1110 : sa pierre tombale nous semble postérieure à cette date. Il est représenté vêtu, non d'une broigne, mais d'un haubert, qui descend aux genoux et laisse voir que ses jambes sont défendues par la même armure que son corps. Le capuchon de son haubert est recouvert d'un heaume cylindrique, à timbre arrondi et

(1) Tome I, p. 126.

(2) Page 16 de ses *Monuments funéraires et sigillographiques des vicomtes de Beaumont au Maine*, 1882, in-8°.

2. — Tombe de Raoul II de Beaumont.

à nasal, l'épée dans son fourreau est courte et pourvue d'une garde plus importante que celles des premières années du XII° siècle. Le bouclier a la figure d'un triangle à deux côtés égaux, légèrement convexes. Les armoiries ajoutées sur le dessin ne sont plus visibles ; elles avaient été peintes sur la pierre. Ce sont bien celles de Beaumont : *d'or à quatre chevrons de gueules ;* mais elles n'ont jamais été portées par Raoul II, qui est mort près d'un siècle avant que l'usage du blason fut établi.

De chaque côté de sa tête se trouve un ange tenant en main un encensoir ; ses pieds portent sur les ailes d'un troisième ange, dont la tête le regarde et qui tient un lys héraldique de chaque main.

La fille de Guy IV, Emma, fut abbesse du Ronceray à Angers de 1163 à 1190. Le blason, dessiné vers 1620, que lui assigne Bruneau de Tartifume (1) est de pure fantaisie : c'est un écu en bannière aux armes de Montmorency-Laval.

GUY V
1144-1194

Le sceau (n° 345 de *Normandie*), que nous allons donner, est attaché à un acte de Guy de Laval en faveur de l'abbaye de Savigny, acte qui n'est pas daté et dont il nous a été impossible d'obtenir communication : nous ne croyons cependant pas nous écarter de la vérité en l'assignant à Guy V.

Ce seigneur est représenté à cheval revêtu de la broigne, que portent aussi Raoul de Vermandois sur son sceau de 1116, et Guy de Chevreuse sur celui de 1151. La broigne de notre Guy est une tunique descendant au-dessous du genou

(1) Voir à la Bibliothèque d'Angers, Bruneau de Tartifume, tome II, p. 253.

munie d'un capuchon dont sa tête est couverte sous le casque ; les manches sont évasées en entonnoir pour la liberté du poignet, précaution qui indique le peu de souplesse de cette armure faite de peau ou d'étoffe de plusieurs doubles et renforcée de plaques de métal rondes clouées à côté les unes des autres. De sa main droite il tient « une épée à lame courte et à tranchants presque parallèles, découpés du bout pour former la pointe ; une arête médiane, fournie par la rencontre des deux tranchants, règne sur toute la longueur de la lame ».

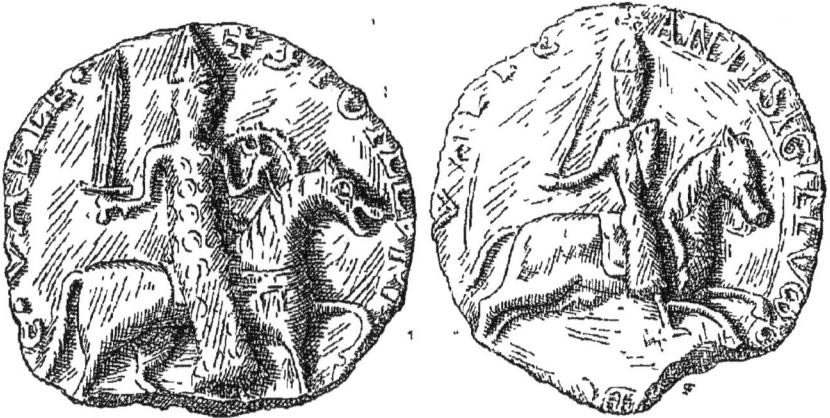

3-4. — Sceau et contre-sceau de Guy V.

Sa main gauche tient les rênes de son cheval et porte un bouclier dont on voit l'intérieur. La partie supérieure seule visible est arrondie et garnie d'un rang de petites boules. Son casque est un heaume conique sans nasal, bordé d'un cercle et renforcé par des bandes de métal. Il couvre le capuchon de la broigne.

Au contre-sceau de même grandeur, Guy est représenté vêtu d'un haubert. Cette sorte de tunique en maillons, avait « sur la broigne l'avantage de mieux protéger le corps, que ses mailles entrelacées couvraient d'un réseau continu, impénétrable à la lance ».

Le dessin de Gaignières, publié à la page 69 du *Cartu-laire de la Couture*, en réduisant au tiers l'original en cire jaune pendu à un acte de Guy de 1158, reproduit notre contre-sceau avec une exactitude suffisante pour nous per-mettre d'en affirmer l'identité. Il nous est précieux puisque grâce à lui nous assignons à Guy V le sceau des archives de Savigny, que M. Demay s'était borné à attribuer au XII⁰ siècle.

Quant au sceau lui-même il nous sert à dater le prétendu sceau de 1095, dont la figure 1 donne le dessin. Il est facile de voir que tous deux sortent de la même matrice et que le sceau détaché des archives de Tours, auquel la date de 1095 a été assignée sans qu'on en connaisse le motif, est une empreinte du sceau de Guy V et ne saurait remonter au-delà de 1144.

Au dire de Pierre Le Baud, Guy V épousa Emma d'Anjou, fille de Geoffroy Plantagenet. Nous n'avons trouvé aucun document qui vienne confirmer son dire : Orderic Vital ne dit nulle part que Geoffroy ait laissé une fille. M. Célestin Port dans le *Dictionnaire de Maine-et-Loire*, après avoir énuméré ses trois fils, ajoute qu'il eut en outre « une fille naturelle, Emma, qui épousa plus tard le duc de Norfolk. » Rien ne nous semble donc moins établi que la réalité de cette alliance ; nous n'écarterons cependant pas de notre travail les monuments relatifs à Geoffroy Plantagenet.

Il était fils de Foulques le Jeune et d'Eremburge ; né le 24 août 1113, il épousa au Mans le jour de la Pentecôte (22 mai) 1128, Mathilde, fille de Henri I d'Angleterre et veuve de l'empereur Henri V. Il fut duc de Normandie, comte d'Anjou et du Maine, mourut à Château-du-Loir le 7 septembre 1151, et — par un privilège jusque là inouï — fut enterré dans la cathédrale du Mans, sous un magnifique monument, élevé par les soins de l'évêque Guillaume de Passavant.

Nous ne connaissons qu'un seul sceau de Geoffroy

Plantagenet ; il est de 1149 (1) ; et, malgré l'époque reculée

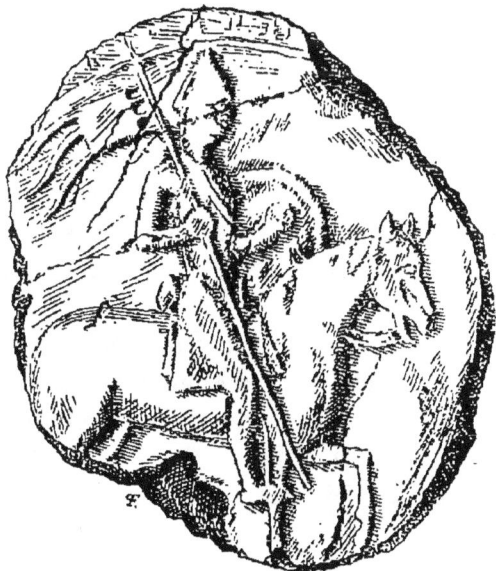

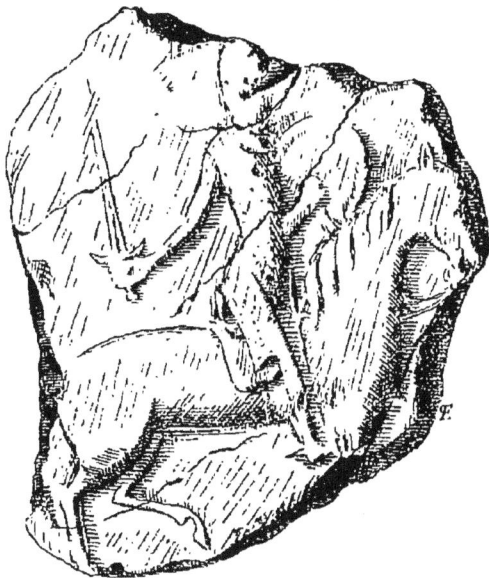

5-6. — Sceau et contre-sceau de Geoffroy-Plantagenet, 1149.

(1) *Normandie*, nº 20. Sceau rond de 0,082, au Musée de Rouen. — Donation des trois prébendes de Bures, au profit de l'abbaye du Bec ; 1149.

à laquelle il remonte, il ne manque ni de grâce, ni de justesse dans les poses. Geoffroy y est représenté à cheval, vêtu du haubert, avec un casque conique à nasal ; sa main gauche tient le bouclier arrondi par en haut et vu en dedans ; sur le sceau sa main droite tient, posée sur l'épaule, sa lance ornée d'un gonfanon carré à trois flammes très allongées ; sur le contre-sceau elle tient une épée longue et affilée à garde cintrée. Les deux chevaux sont au pas et portent la crinière sur l'encolure. La légende est malheureusement détruite.

Il faut remarquer que le sceau et le contre-sceau sont de même grandeur. Les rois d'Angleterre et notamment Henri VI conservèrent cet usage qui ne se retrouve plus en France à la fin du XIIIᵉ siècle.

A côté de ce sceau il faudrait placer le splendide émail dont M. Eugène Hucher a été le premier, dès 1860, à nous révéler l'importance et qui, après avoir orné pendant tant de siècles le tombeau du célèbre comte d'Anjou et du Maine, est aujourd'hui au *Museum* du Mans. C'est une pièce hors ligne « par sa taille — 0,63 sur 0,33, — par l'importance de la représentation, les figures héraldiques qu'elle contient, l'étrangeté de son ornementation, enfin l'époque reculée de sa confection ». Il faut remarquer aussi le costume de ce curieux portrait qui permet d'en attribuer l'origine, non pas à un fait de guerre, mais à un acte de police intérieure, ainsi que l'indique du reste l'inscription placée en tête de la plaque :

ENSE TUO PRINCEPS PREDONUM TURBA FUGATUR
ECCLESIISQUE QUIES PACE VIGENTE DATUR.

Avec de vifs regrets nous nous décidons à ne pas en donner ici la reproduction et nous nous bornons à signaler l'existence d'une photochromie par le procédé Vidal qui reproduit le monument avec une exactitude qui ne saurait être dépassée. Cette planche accompagne le travail de M. Eugène Hucher (1).

Le costume de Geoffroy Plantagenet est bien celui du XIIe siècle. « Il porte un manteau doublé de menu-vair, une robe longue et un bliaut. Des chaussures légères enserrent ses pieds » évidemment chaussés de bas verts « sa tête est coiffée d'un bonnet assez semblable à ceux dont les Anglais se servent en voyage ; bas en arrière, ce bonnet va toujours en se relevant jusqu'au dessus du front où domine une pointe légèrement recourbée ». Il tient de sa main droite une longue épée plate ; son bras gauche supporte un grand écu de forme allongée, légèrement arrondi aux angles, extrême-ment pointu par le bas, dont l'ombilic, fortement saillant et richement décoré, sert de point de rencontre à une sorte de croix formée d'un mince filet d'or, coupée de deux *macles* dans chaque sens. Le fond en est d'azur et sur la moitié qui est seule visible on voit *quatre lions d'or placés deux, un et un*. Le bonnet porte aussi un lion. C'est là bien certaine-ment la représentation la plus ancienne d'un écu orné des signes distinctifs et particuliers à son propriétaire. Nous le savons en effet par le moine Jean dans son *Histoire de Geoffroi-le-Bel* (2), lorsque Geoffroy vint à Rouen à la Pentecôte 1127 pour y être admis parmi les chevaliers : « caligis holosericis calciatus, pedes ejus sotularibus in superficie leunculos aureos habentibus muniuntur » et « clypeus, leunculos aureos imaginarios habens, collo ejus suspenditur ». Notre monument appartient à une époque trop reculée pour qu'on y puisse voir des armoiries propre-ment dites, mais il est curieux de rapprocher ces emblèmes des gerbes qui existent dans le champ du sceau d'Enguerran de Saint-Pol, antérieur à 1150 et des fleurons en forme de

---

(1) *L'émail de Geoffroy-Plantagenet au Musée du Mans*, 11 p. in-folio.
(2) *Chroniques des comtes d'Anjou*, p. 235, 236 citées par M. Anatole de Barthélemy dans la *Revue des Questions historiques*, tome II, p. 300-306.

fleurs de lys qui figurent dans les sceaux des rois Henri I,
Philippe I et Louis VI (1).

Nous ajoutons ici le sceau de Geoffroy de Loudun, évêque
du Mans de 1234 à 1255 ; lors de sa publication par M. E.
Hucher dans la *Sigillographie du Maine*, il a été donné par
ce savant comme pouvant être celui de Geoffroy de Laval,
fils de Guy V. Ce sceau détaché, venant des archives de

7-8. — Sceau et contre-sceau de Geoffroy de Loudun (1234-1255).

Tours portant s. GAUFRIDI CENO....NEN EPISCOPI et au contre-
sceau SIGNUM DEI VIVI, convenait aussi bien à Geoffroy de
Laval, évêque du Mans de 1231 à 1234, qu'à Geoffroy de

---

(1) Puisque nous touchons ici à l'origine du blason en France qu'il
nous soit permis de signaler un monument négligé par M. Demay dans
le chapitre qu'il consacre à cette étude aux pages 189 à 200 de son
Histoire du Costume, c'est un sceau de 1150 de Raymond Bérenger II,
dit le Vieux, publié par M. Blancard, d'après des empreintes de 1150 et
de 1157 à la planche II de son *Iconographie des Sceaux.... des Bouches-
du-Rhône*.

Loudun. Mais nous l'avons rencontré parmi les sceaux de la Normandie sous le n⁰ 2240 avec la date de 1235 ce qui ne laisse plus de doute sur son attribution à ce dernier.

Gaignières du reste nous a conservé au folio 150 du manuscrit 17086 du fonds latin le dessin du sceau de Geoffroy de Laval que nous reproduisons ici ; il porte en

9-10. — Sceau et contre-sceau de Geoffroy de Laval (1231-1234).

légende + GAUFRIDUS : DEI : GRA : CENOMANSIS : EPUS et au contre-sceau une main tenant une croix haut-placée au bout d'un bâton avec la légende GRA : DEI : SU........ QUOD : SUM.

GUY VI

1194-1210

Malgré toutes nos recherches nous n'avons pu trouver de sceau armorié des seigneurs de la première race des Laval. A notre grand regret il nous est donc impossible de dire à quelle époque le blason a fait son apparition sur leur écu. On ne saurait le chercher avant Guy V qui a pu renoncer à l'emploi du sceau que nous avons publié ; et, suivant la mode qui s'établissait déjà, le remplacer par un sceau armorié.

L'a-t-il fait ? rien ne nous autorise à l'affirmer.

Pour Guy VI, Bourjolly (1), en publiant des fragments de la charte de 1197 abolissant le droit de mainmorte à Laval, affirme que « ces lettres sont scellées des sceaux de l'archevêque et de l'évêque et de celui de Guy de Laval, qui est d'un *léopard* avec une croix vis-à-vis de la tête, et autour est gravé : SIGILLUM GUIDONIS DOMINI DE LAVALLE ».

Pour l'année 1208 nous avons un témoin qui mérite plus de confiance. M. de la Beauluère (2) citant la charte de Guy VI qui confirme les dons faits au chapitre du château, affirme que « le sceau de cette charte en cire verte, porte le *léopard* d'un côté, de l'autre, un chevalier armé à cheval, tenant une épée en main ». Cette charte, dit-il, appartient aux titres de Saint-Tugal déposés à la bibliothèque de Laval. Depuis 1858, qu'est devenu ce document ? Il n'est malheureusement plus à la bibliothèque de Laval et semble perdu.

Guy VI eut pour femme Avoise de Craon, fille de Maurice II de Craon et d'Isabelle de Meulan, dite de Mayenne parce qu'elle était veuve de Geoffroy IV de Mayenne. Cette Isabelle, seconde femme de Geoffroy, lui avait donné deux fils : Hamon, qui mourut sans doute pendant la croisade, et Juhel III, qui succéda à son père en 1189 ; en outre trois filles : Isabelle (3), qui épousa Dreux de Mello et succéda à son frère Juhel III en 1220, puis Marguerite, qui épousa

(1) Tome I, p. 165.

(2) Le Doyen, p. 372.

(3) Dans le document, établi vers 1340, où les droits des filles, lorsqu'elles sont seules à hériter, sont constatés d'après la coutume on lit : « Et ensement misires Juhès de Maienne ot III filles desquelles misires Dreucs de Mello ot l'ainznée o toutes les baronnies de Maienne, et misire Henri d'Avaugour l'autre après ; et misire Pierres, qui fut conte de Vendosme, l'autre : et n'orent les II filles puisnées que leur mariage ». Voir p. cxv-cxix du tome III des *Coutumes et Institutions de l'Anjou et du Maine* de M. Beautemps-Beaupré.

Henri d'Avaugour dont le fils Alain succéda à sa tante
décédée sans postérité en 1256, et enfin une troisième qui
fut mariée à Pierre de Vendôme.

D'Isabelle de Meulan Maurice II eut six enfants : trois fils,
nommés tous trois dans son testament, Maurice III et
Amaury I, qui lui succédèrent, et Pierre qui entra dans les
ordres et ne vivait plus en 1206, et trois filles : Avoise l'ainée
épousa Guy VI de Laval, Agnès la seconde, épousa Thibault
de Mathefelon et mourut avant lui ; la troisième, Constance,
qui se qualifie de dame de la Garnache *(Garnesche* et *Gasna-*
pia) (1), dans deux actes du *Cartulaire de Fontaine-*
Daniel (2) où sont dessinés ses deux sceaux différents l'un
de l'autre (3).

Le sceau de Maurice II de Craon (n° 1954 des Archives
nationales), était formé d'une pierre gravée où se trouve un
génie ailé monté sur une chèvre (?). Il est à remarquer que

11. — Sceau de Maurice II de Craon.

pour en obtenir l'empreinte la cire avait été disposée comme
pour opérer avec une matrice ogivale ; aussi la queue hori-
zontale de la monture de la pierre et les deux doigts qui la
tenaient ont-ils laissé des traces visibles.

D'Avoise de Craon Guy VI eut Guyonnet et Emma, dont
nous allons parler, et enfin Isabelle qui, selon Bourjolly,
serait morte jeune, mais qui en réalité épousa Bouchard VI

(1) V. Ménage, *Histoire de Sablé*, p. 145.
(2) Folios 71 et 72 du tirage autographié par M. l'abbé Angot.
(3) Le don est approuvé par Maurice II, p. 74.

de Montmorency, et continua la race de cette importante famille. Nous en avons donné la preuve dans notre édition de Bourjolly par la citation de ce passage de l'enquête faite vers 1340 pour établir les droits des filles lorsqu'elles sont seules à hériter : « Et a Lavauguion ot II filles, desquèles misires Mahi de Monmorénci ot l'ainznée o toutes les barounies ; et li fuiz audit Mahi ot la puisnée, et n'ot que ce qui li fu donné en mariage. »

Nous donnons ici un beau sceau de 1248 d'Isabelle de Mayenne (n° 397 de Normandie) (1), femme de Dreux de

12-13. — Sceau et contre-sceau d'Isabelle de Mayenne, 1248.

Mello (2) Isabelle est représentée « debout, en surcot et en chape vairée, coiffée d'un chapeau, les mains ramenées devant la poitrine » la légende est : ✝ SIGILLUM YSABELLIS : DOMINE : MEDUANE.

. Le contre-sceau est un écu chargé du blason de Mayenne :

(1) Donation du manoir du Fay en Saint-Bandelles, en mars 1248.

(2) En 1244, la mort de Dreux de Mello l'avait rendue veuve. Dès 1245 elle se remaria à Louis de Sancerre. Le numéro 437 des *Archives* est le même que le 397 de *Normandie* et peut servir à le compléter. L'empreinte, appendue à côté du sceau de son second mari, est de 1251.

2

six écussons, sa légende : + SECRETU Y DNE MEDUANE (secretum Ysabellis dominæ Meduanæ).

Elle s'était servi aussi d'un autre sceau, dont le dessin nous est conservé par Gaignières au *Cartulaire de Fontaine-Daniel*, d'après l'empreinte en cire blanche attachée à un acte de 1233 à côté du sceau de Dreux de Mello. Isabelle est debout avec un oiseau posé sur la main gauche. Le contre-sceau porte aussi SECRETUM, mais au centre le blason de Mayenne est remplacé par un oiseau posé.

Nous y joignons le sceau d'Isabelle de Mayenne (nº 396 de Normandie). Sans oser l'affirmer, nous croyons y voir celui d'Elisabeth de Meulan, successivement femme de Geoffroy IV de Mayenne et de Maurice II de Craon. Le sceau étant détaché il est impossible d'en vérifier la provenance. Elisabeth est

14. — Sceau d'Isabelle de Mayenne.

représentée debout, un oiseau sur la main ; la légende est : ELISABET : DE :: MEDUANA (*Sigillum Elisabet de Meduana*).

Nous donnerons le sceau d'Isabelle de Laval et celui de Bouchard VI de Montmorency avec ceux d'Emma.

GUYONNET

1210-1211

Guyonnet avait dix ans environ lorsque Guy VI mourut. Selon Bourjolly, « il demeura sous la garde d'Avoise de

Craon sa mère, de Juhel de Mayenne et d'Amaury de Craon, ses oncles maternels ; mais Philippe-Auguste donna à Raoul, vicomte de Beaumont, parent paternel, le bail de la terre de Laval ».

Nous venons de voir en effet que Juhel III de Mayenne et Amaury I de Craon étaient frères d'Avoise de Craon, mère de Guyonnet. Quant à la désignation de Raoul III de Beaumont par le roi, elle s'explique par un fait que nous avons été le premier à préciser, d'après la charte 626 du *Cartulaire de Saint-Vincent*, le mariage contracté en 1095 entre Raoul II et une fille de Guy III de Laval. Guy était en même temps trisaïeul de Raoul III de Beaumont et de Guyonnet, dont malgré sa parenté éloignée, Raoul III se trouvait le parent le plus proche dans la ligne paternelle, à l'exception toutefois de son oncle Geoffroy entré dans les ordres.

Juhel avait épousé Gervaise de Dinan. Il mourut à Tunis en 1220 et fut inhumé dans l'église de Fontaine-Daniel sous un tombeau de cuivre doré élevé de deux à trois pieds.

15-16. — Sceau et contre-sceau de Juhel de Mayenne.

Nous possédons de Juhel de Mayenne deux sceaux également curieux. Le premier (n° 2772 des Archives nationales) se trouve aux Archives de Tours. L'écu à six petits écussons est entouré de deux cercles d'inégale grandeur dont l'un est perlé. La légende porte : s : IUHELLI : DNI . MEDUANE : IDI. (Sigillum Juhelli domini Meduanæ et Dinandi.) Un simple point remplace la croix qui commence ordinairement la légende.

Le contre-sceau porte un écu chargé d'un chef qui paraît fretté. On lit tout autour : + S . I . DOMINI D . MED E . D . Ces sceaux sont grossièrement gravés et les lettres sont irrégulièrement espacées.

L'autre sceau (2773 des Archives) est bien plus intéressant, il porte la date de 1214 et est appendu à une promesse de remettre au roi la maison de *Gaiclip*. Ce sceau de forme triangulaire comme l'écu est chargé de six écussons sur les-

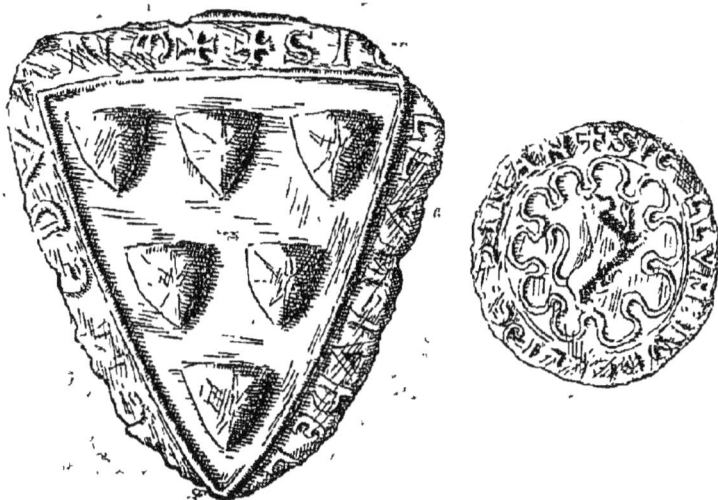

17-18. — Sceau et contre-sceau de Juhel de Mayenne, 1214.

quels on peut voir — d'après M. Douet d'Arcq — une croix et un sautoir superposés. Les lignes très faiblement indiquées nous paraissent accentuer seulement les diverses parties du bouclier et avoir été destinées à sa consolidation. On pourrait à la rigueur y voir une étoile car il faut bien se rendre compte qu'elles s'appointissent insensiblement et ne vont pas jusqu'aux extrémités comme le feraient une croix et un sautoir. Autour de l'écu règne une légende également triangulaire, on y lit : + SIGILLUM JUHEL[li d]E MEDUANA ».

Le contre-sceau rond porte un lion contourné enfermé dans un méandre ondulé. On lit tout autour : + SIGILLUM IUHELLI DE DINAN, ce qui ferait croire qu'il était particulièrement réservé aux actes de cette seigneurie.

Ce sceau a été publié déjà plusieurs fois.

1º On le trouve dans D. Lobineau *Histoire de Bretagne*, nº V, avec la date 1197. Les écussons sont chargés d'une molette à six pointes.

2º Dans le *Cartulaire de Perseigne*, page 158, il est réduit. Les molettes sont aussi très visibles, les D ont une forme

19-20. — Sceau et contre-sceau de Juhel de Mayenne.

différente de ceux gravés sur celui des archives, qui n'a pas également de point entre ME et DUANA.

3º Il se trouve aussi au folio 27 du Cartulaire de Fontaine-Daniel autographié en 1881.

Amaury I de Craon épousa la fille aînée du célèbre Guillaume des Roches, dont M. Eugène Hucher a si scru-

puleusement étudié la sigillographie (1). Cette fille, nommée
Jeanne, transmit à son mari à peu près toute la fortune de

21-22. — Sceau et contre-sceau d'Amaury de Craon, 1223.

(1) Aux pages 1-30 des *Mélanges d'Archéologie*, Le Mans, 1879, in-8°;
et *Revue du Maine*, tome VI.

son père. « Ot misires Guillaumes des Roches II filles, desquèles misire Amorris de Creon ot l'ainznée, et pour ce ot lidiz Amaurris toutes les appartenances audit Guillaume : sanz ce que l'autre fille qui fu contesse de Blois, et puis viscontesse de Chetiaudun ot rien en l'éritage ne ès conquestes outre son mariage que son père li douna, jasoit ce que lidiz Guillaumes poet fère de sa conqueste sa volenté (1) ».

Nous possédons deux sceaux d'Amaury de Craon. Sur le premier (n° 292 des *Archives*), attaché à un acte du mois d'août 1223, Amaury est représenté à cheval en costume d'apparat tenant de sa main gauche un petit bouclier de forme triangulaire chargé des losanges des Craon et de la droite une longue épée ; sa tête est couverte d'un heaume dit *casque de Philippe-Auguste*, orné lui aussi de losanges ; par dessus son haubert il porte une cotte d'armes unie, et ses pieds sont armés d'énormes éperons à trois branches. Le cheval, lancé au galop, est couvert d'une grande housse armoriée le coiffant jusqu'à l'angle de la bouche, enveloppant l'encolure et retombant en tablier jusqu'au bas des jambes. La légende est + SIGILLUM : AMAURICI [de c]REDONE.

Le contre-sceau, *de même grandeur que le sceau lui-même*, porte au centre un écu triangulaire arrondi aux armes de Craon et la même légende que le sceau, + SIGILLUM : AMAURICI DE CREDONE.

Le second sceau (n° 293 des *Archives*) est apposé à un document de décembre 1225. Le heaume n'a plus ici les dimensions exagérées de celui du premier sceau et n'est pas chargé de losanges ; l'écu est armorié aussi bien que la cotte d'armes, portée par dessus le haubert. Le cheval est nu et sans mors, sa crinière flotte au vent. La gravure de ce

---

(1) *Les Coutumes et Institutions de l'Anjou et du Maine* de M. Beautemps-Beaupré, au tome III, p. cxv contiennent : Quoddam scriptum faciens mentionem qualiter baronie debeant dividi inter sorores in Turonia, Andegavia et Cenomania. Voir aussi à la page xcvii une étude sur le droit d'aînesse en faveur des filles.

deuxième sceau a été plus soignée que celle du premier.
De la légende on ne lit plus que s. AMAU.... ENECAL.... A.

23-24. — Sceau et contre-sceau d'Amaury de Craon. 1225.

Le contre-sceau porte un écu losangé avec la légende :
+ SECRETUM AMAURICI.

De Raoul III de Beaumont on possède l'empreinte de deux
sceaux différents. Sur celui attaché à un acte de 1211 (828

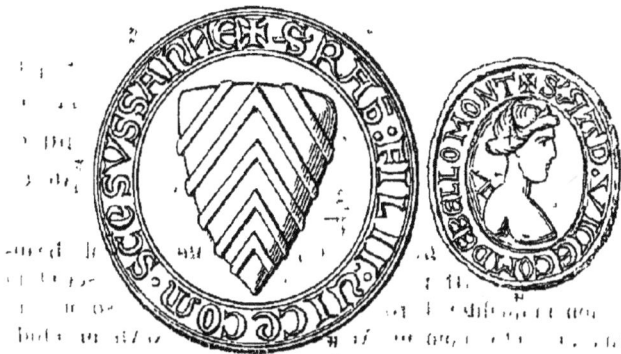

25-26. — Sceau et contre-sceau de Raoul III de Beaumont, 1211.

des *Archives*) se trouve un écu chargé de cinq chevrons. La légende porte : + s RAD : FILII : VICECOM . SCE SUSANNE *[Sigillum Radulfi, filii vicecomitis Sanctæ Susannæ].*

Le contre-sceau « offre l'empreinte d'une jolie pierre gravée antique qui représente Diane le col nu, un carquois sur l'épaule ». La légende du contre-sceau nous montre qu'il servait aussi de signet, elle porte : + s RAD. VICECOM DE BELLOMONT.

Quant au second sceau (829 des *Archives*) c'est à M. E. Hucher qu'est due sa restitution à notre Raoul III. Ce sceau,

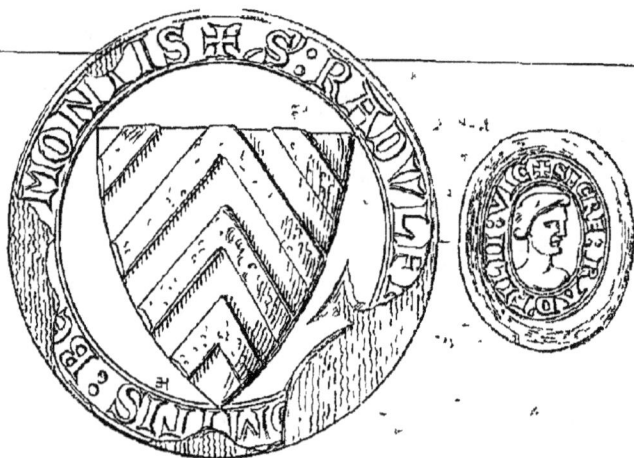

27-28. — Sceau et contre-sceau de Raoul III de Beaumont, 1223.

appendu à un acte de 1223, est semblable au précédent, mais l'écu n'est plus chargé que de quatre chevrons et la légende porte : + s : RADULFI...... OMITIS : BE..... MONTIS.

Le contre-sceau est semblable à celui de 1211 mais la pierre est « moderne et d'un travail inférieur ». La légende : + SECRE . RAD . FILII . VIC.

A côté de ces deux sceaux, M. Hucher a publié deux

dessins qu'il a trouvés dans les recueils de Gaignières.
Celui de 1212 diffère de celui de 1211 en ce que le mot

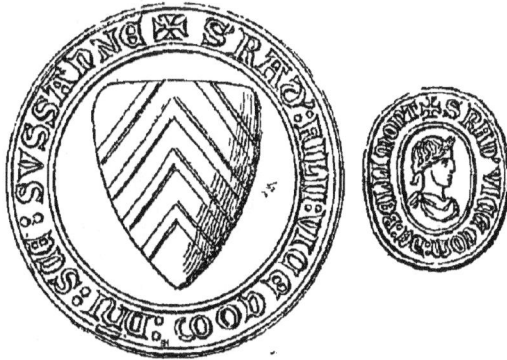

29-30. — Sceau et contre-sceau de Raoul III de Beaumont, 1212.

Vicecom est suivi de *Dni* et que les chevrons de l'écu sont
au nombre de quatre au lieu de cinq.

Le sceau de 1226, dont le dessin nous a été aussi conservé par Gaignières, se rapproche beaucoup de celui de

31-32. — Sceau et contre-sceau de Raoul III de Beaumont, 1226.

1223, mais le contre-sceau est différent, la tête du personnage est laurée, la légende porte : + SECRETUM : MEUM.

33. — Tombe de Raoul III de Beaumont.

En comparant ces deux dessins aux sceaux authentiques,
en y constatant des différences aussi notables, on semblerait
être en présence de quatre types différents. Mais, comme
M. Hucher l'a démontré à tant de reprises, les dessina-
teurs qu'employait Gaignières ne s'astreignaient pas toujours
à une grande exactitude ; leur imagination suppléait trop
souvent aux ravages occasionnés par le temps, aussi ne
saurait-on s'en rapporter absolument à ce qu'ils nous ont
laissé.

Nous empruntons aussi à M. Hucher le dessin de la statue
tombale de Raoul III de Beaumont. « Cette statue est fort
mutilée ; les jambes sont rompues et manquent. Une des
mains, la droite, est nue et placée sur la poitrine du personnage ; il n'en reste que les doigts ; la main gauche qui
soutient le bouclier est à moitié brisée dans le sens longitu-
dinal. La tête manque complètement ; mais à l'aide du précieux dessin de Gaignières, on peut restituer facilement,
par la pensée, tous les membres de ce monument ».
Raoul III est complètement revêtu de son haubert, par
dessus lequel se voit une légère cotte d'armes, sa tête repose
sur un oreiller que soutiennent deux anges, ses pieds
s'appuient sur un petit animal couché.

EMMA

1211-1234

A la mort de Guyonnet, Emma hérita de la seigneurie de
Laval dont Raoul III de Beaumont conserva sans doute le bail.

Philippe-Auguste fit constater que, lorsqu'une fille était
unique héritière d'une seigneurie, le roi devait, après avoir
pris l'assentiment de la famille, lui choisir un époux. En
1214, il donna la main d'Emma à Robert III, comte d'Alençon. Cette alliance fut de peu de durée. Robert III mourut,

selon le nécrologe de Perseigne, le 8 septembre 1217. Il laissait un fils posthume Robert IV destiné à réunir un jour le comté d'Alençon à la seigneurie de Laval, mais qui mourut lui-même avant le mois de janvier 1220.

Emma convola en secondes noces avec Mathieu II de Montmorency, connétable de France. Ce mariage eut lieu sans doute dès le milieu de l'année 1218 ainsi qu'en témoignent l'acte de 1218, publié par M. de la Beauluère (1), et l'engagement pris en juillet 1218 par Mathieu de Montmorency pour une forteresse, qui faisait partie du douaire d'Emma, Saint-Rémy-du-Plain (2).

Emma était veuve pour la seconde fois le 24 novembre 1230, et, dès 1231, elle convolait avec un seigneur dont le nom était, non pas Tocy comme l'écrivent tous les historiens, mais bien Toucy. C'était l'aîné des trois fils d'Hithier V de Toucy et d'Elisabeth, sa femme.

Avant de donner les sceaux de ces divers personnages il nous faut parler du second mariage d'Avoise de Craon, mère d'Emma.

La fille de Savari III d'Anthenaise, Jeanne, avait épousé Eudes Le Franc dont le fils, Yves « gentilhomme domestique » de Guy VI, épousa sa veuve vers 1215 ainsi que l'établit l'acte de Robert III d'Alençon publié par Bourjolly (3). Son sceau a été donné dans le *Cartulaire de la Couture*, mais M. l'abbé Charles, qui l'avait minutieusement examiné, a bien voulu en faire pour nous un dessin de la grandeur de l'original, qui nous permet de le publier plus exactement. Il porte dans deux cercles concentriques une croix dont les branches d'égale longueur sont terminées par des fleurons en forme de lys héraldique et cantonnées d'objets assez difficiles à déterminer, mais qui peuvent

(1) Le Doyen, p. 311.
(2) *Layettes du Trésor des Chartes*, numéro 1304.
(3) Tome I, p. 176.

ressembler à des couronnes renversées. Au contre-sceau la croix est semblable mais elle n'est pas cantonnée et il

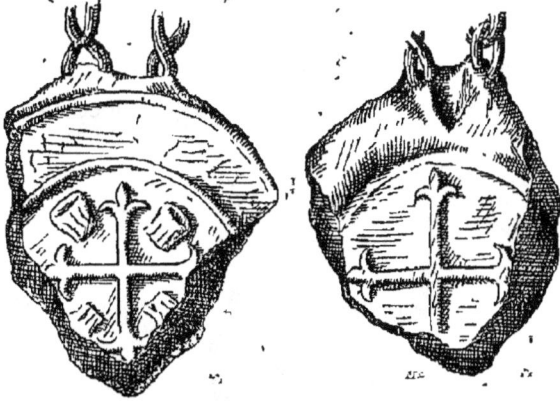

34-35. — Sceau et contre-sceau d'Yves Le Franc.

n'existe qu'un seul cercle. La légende n'est plus lisible.

Le sceau de Robert III d'Alençon, premier époux d'Emma, nous est connu à la fois par un dessin de Gaignières, repro-

36. — Sceau de Robert III d'Alençon.

duit au *Cartulaire de Perseigne* (1) et par des fragments originaux de 1211 (n° 885 des *Archives*). Robert III est

(1) Page 78.

représenté vêtu d'un haubert qui tombe jusqu'aux genoux ; ses jambes sont garnies de la même armure. Il tient une large épée courte et un bouclier dont il montre la face sur laquelle on ne voit aucune trace de blason. De la légende on ne lit que : M. ROB.

Le contre-sceau est bien conservé ; il est en forme d'écu triangulaire et porte un bandé de sept pièces au franc

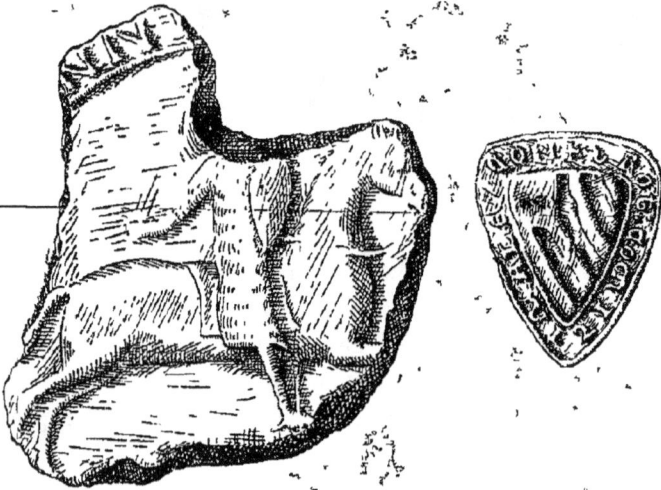

37-38. — Sceau et contre-sceau de Robert III d'Alençon, 1211.

canton d'un plein, et pour légende : + S. ROB COMITIS ALENCON.

Il existe encore un sceau d'Emma (n° 823 des *Archives*) ; il est attaché à l'engagement pris par elle, le 17 décembre 1256, de remettre à toute réquisition le château de Laval à Charles d'Anjou.

La dame de Laval est représentée debout, vêtue d'une longue tunique retenue par une ceinture, tenant de sa main droite les plis de son corsage, et de la gauche un faucon. Elle est coiffée d'une sorte de mortier carré garni d'une mentonnière, son manteau est vairé. La légende porte : S. EMME DAE DE LAVALLE COMITISSE D'ALESON.

Le contre-sceau également ogival est orné au centre d'un écu portant un bandé de six pièces à un franc quartier d'un plein. Il est surmonté d'un petit léopard assez fruste qui n'est pas mentionné dans la description qu'en donne M. Douet d'Arcq. La légende se lit ainsi : s. EMME COMITISSE DALENCON.

39-40. — Sceau et contre-sceau d'Emma. 1256.

Ce sceau avait déjà été publié par Du Chesne d'après un original qu'il avait eu sous les yeux. Les inexactitudes de ses reproductions sont assez nombreuses pour obliger à une extrême défiance contre tous les dessins donnés par lui.

Nous devons faire remarquer dans le contre-sceau le léopard qui surmonte l'écu et sur lequel nous reviendrons bientôt, et le blason qui n'est autre que celui des Ponthieu, celui que nous avons trouvé déjà au contre-sceau de Robert III d'Alençon. Ce qui nous montre que jusqu'à la fin de sa vie, alors même qu'elle était veuve de son troisième mari, Emma portait encore les armes du premier. Avait-elle conservé avec son titre de comtesse d'Alençon des droits sur cette seigneurie ? Nous le pensons, mais aucune réserve à son profit n'est mentionnée dans l'acte (1) de janvier 1221, par lequel les héritiers de Robert IV, Aimery de Châtellerault, Hèle, sœur de Robert III, et Robert Malet, faisaient don de l'Alençonnais à Philippe-Auguste.

Du Chesne nous fait connaître un autre sceau d'Emma appendu à un acte de 1229, rendu du vivant de son second mari, et conjointement avec lui. La légende du sceau

41. — Contre-sceau d'Emma, 1229.

est : + s : EMME COMITISSE ALENECEI ET DNE DE LAVAL. Celle du contre-sceau : + S . EME COMITISSE ALENC. Le blason du contre-sceau est le même que celui de 1256, *un bandé de six pièces, au franc quartier d'un p'ein,* mais n'est pas surmonté du léopard. Nous insérons ici le dessin de ce contre-sceau sans qu'il nous soit possible d'en garantir l'exactitude.

Les sceaux de la famille de Montmorency ont été pour la plupart publiés par Du Chesne, son historien. Nous avons cru devoir dessiner à nouveau ceux que nous donnons ici.

Le premier blason des Montmorency fut : *d'or à la croix*

(1) Cet acte est imprimé dans les *Layettes du Trésor des Chartes,* sous le numéro 1426.

3

de gueules cantonnée de quatre aigles d'azur. Bouchard V,
qui en 1169 s'était servi d'un sceau sans blason (2929 des
Archives), adoptait les armes que nous venons de décrire
dès 1177, au moment même où l'usage des armoiries s'établissait (2930 des *Archives*).

Nous les trouvons encore sur le sceau (2942 des *Archives*)
dont Mathieu II fit usage, en 1193 et en 1202. Mathieu est

42-43. — Sceau et contre-sceau de Mathieu II de Montmorency, 1193.

représenté sur un cheval nu, il est vêtu du haubert sur
lequel flotte, aussi longue que ses jambes, la jupe de son
bliaut. Sa tête est ornée d'un casque à tymbre plat, sa main
gauche tient le bouclier armorié, sa droite une longue épée.
La légende est : + SIGILL MATHEI DE MONTEMORENCIACO.

Le contre-sceau est un écu armorié sans légende.

Le second sceau (2943 des *Archives*), que nous donnons
d'après une empreinte d'avril 1203, lui servit jusqu'en 1218.
Son costume est le même, mais le cheval, au lieu d'être nu,
est revêtu d'une housse armoriée qui l'enveloppe tout entier.

Le contre-sceau porte au centre un écu armorié entouré de la légende + SECRET. MATHEI DE MORENCIACO.

Mathieu II s'est encore servi de ce sceau en juillet 1218 lorsqu'il a scellé son engagement relatif à Saint-Rémy-du-Plain (1).

En mars 1221 (n. s.) son blason n'est plus le même. Ce chan-

44-45. — Sceau et contre-sceau de Mathieu II de Montmorency, 1203.

gement ne saurait résulter, comme on l'a dit, de son alliance avec Emma; il ne fut pas causé non plus, comme on l'a soutenu, par sa belle conduite à la bataille de Bouvines, qui eut lieu en 1214 (2). Fut-il motivé par la dignité de connétable qui lui fut conférée, lors du décès de Dreux de Mello, en 1218 postérieurement au mois de juillet? cela semble probable.

(1) Numéro 1304 des *Layettes du Trésor des Chartes.*

(2) Ce fait a été avancé encore en 1868 par M. Emile Lambin dans sa notice sur Mathieu II, sire de Montmorency (*Revue Nobiliaire*, IV, 422-428.)

Ce nouveau blason, qui contient seize alérions au lieu de quatre, apparaît pour la première fois sur le sceau suivant (192 des *Archives*), Mathieu est représenté vêtu du grand haubert, couvert d'une cotte d'armes de peu de longueur, sa

46-47. — Sceau et contre-sceau de Mathieu II de Montmorency, 1221.

main gauche tient un bouclier armorié, sa droite une longue épée ; sa tête est couverte d'un casque à tymbre plat, surmonté d'une tête de paon comme cimier ; le cheval est vêtu d'une grande housse armoriée. La légende est : + s ma...... MONTEMORENCIACO CONS...... DOMINI REGIS FRANCIE.

Le contre-sceau est sans légende.

Ce sceau a été employé aussi le 8 novembre 1223, en mars 1225, en janvier 1226 (1).

(1) Voir *Layettes du Trésor des Chartes*, numéros 1610, 1701, 1740.

C'est dans le courant de 1226 que Mathieu cessa de se servir du sceau que nous venons de décrire ; dès le mois de décembre (*Layettes* 1900), il se servait du suivant (193 des *Archives*).

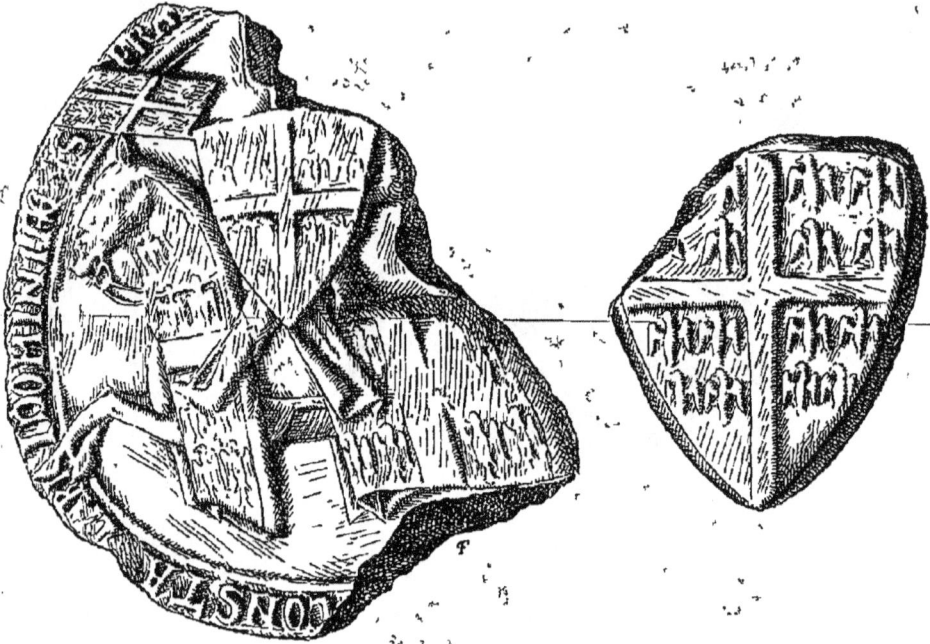

48-49. — Sceau et contre-sceau de Mathieu II de Montmorency, 1226.

C'est un sceau équestre tourné à gauche, dans lequel l'écu, le gonfanon et la housse du cheval, échancrée en avant, sont couverts des alérions de Montmorency. Du Chesne en a signalé l'emploi en septembre 1229 ; nous le constatons aussi en juin 1230 (*Layettes* 2056).

Mathieu II mourut le 24 novembre 1230.

Ses successeurs conservèrent le nouveau blason qu'il venait de prendre. C'est celui que nous trouvons sur le sceau de Bouchard VI de Montmorency, mari de la sœur d'Emma. Ce Bouchard n'était autre que le fils de Mathieu II et de Gertrude de Nesle. Par son alliance avec Isabelle de Laval il devint le beau-frère de son père.

Le dessin du sceau de Bouchard VI, que nous donnons ici, est fait sur une empreinte originale de 1236 (2931 des *Archives*) différente de celles de 1231 à 1235 dessinées par Du Chesne à la page 21 de son *Histoire de Montmorency*. Bouchard VI, vêtu d'une cotte d'armes flottante sur son haubert, l'écu pendu au cou par une courroie, porte sur sa

50-51. — Sceau et contre-sceau de Bouchard VI de Montmorency, 1236.

tête un casque carré à grillage. Le cheval est vêtu d'une housse armoriée. La légende porte : + SIGILLUM BOCARDI DOMINI MOTEMORECIACO. Le contre-sceau est formé d'un écu à la croix cantonnée de seize alérions sans légende (1).

(1) Dans la *Revue Nobiliaire*, tome IV, p. 97 ; tome V, p. 97, 408 ; tome VI, p. 73, 361, M. Goethals a publié la liste des chevaliers qui, en 1238 lors de l'hommage rendu au roi saint Louis par le comte et la comtesse de Flandre, ont pris part au tournoi de Compiègne. Bouchard VI y figure (VI, 77) ; son écusson est exactement décrit. Il por-

Le sceau de la fille de Guy VI, Isabelle de Laval, qui avant 1226 devint la femme de Bouchard VI, avait jusqu'ici échappé à toutes les recherches; il ne figure pas dans Du Chesne et n'a pris place dans aucun inventaire imprimé (1).

Isabelle est représentée debout vêtue d'un manteau par dessus sa tunique, une aumônière pend à sa ceinture. De la

52. — Sceau d'Isabelle de Laval, 1251.

main droite elle tient une fleur de lys; la gauche est ramenée sur la poitrine. De la légende il ne reste que : ISABELLIS DNE....

Emma et Mathieu de Montmorency, outre Guy VII que nous retrouverons plus tard, eurent deux filles. L'aînée Avoise épousa en septembre 1239 Jacques de Château-Gontier dont voici le sceau (1765 des *Archives*), apposé à un acte de 1257.

L'écu est chargé de chevrons et non chevronné comme

tait un « heaume couronné d'or et sommé de la tête d'un chien braque, aussi d'or. »

En 1269 Mathieu III, son fils, portait au tournoi de Cambrai le même cimier (*Revue Nobiliaire*, IV, 387.)

(1) Nous l'avons découvert aux archives de Seine-et-Oise, pendu au document de mars 1250 (v. s.) publié page 477 du *Cartulaire des Vaux de Cernay*. Il figure sous le numéro 752 d'un inventaire des sceaux du département de Seine-et-Oise, moulés par M. Demay pour les Archives de l'Empire, inventaire qui, dressé en 1866, n'a pas encore été publié.

le dit M. Douet d'Arcq, la légende porte : + SIGILLUM IACOBI
DOMINI [Cas]TRI GONTERI. Le contre-sceau répète l'écu avec
cette légende : VERITAS.

53-54. — Sceau et contre-sceau de Jacques de Château-Gontier, 1257.

Emma, devenue veuve pour la deuxième fois le 24 novembre 1230, épousa en troisièmes noces dès 1231 Jean de
Toucy, qui mourut en 1250.

55-56. — Sceau et contre-sceau de Jean de Toucy, 1238.

Sur le sceau (3721 des *Archives*), apposé par Jean de

Toucy en décembre 1238 à son obligation de livrer au roi le château de Laval, il est représenté sur un cheval lancé à gauche ; il porte un écu armorié et tient une large épée, le contre-sceau porte *3 pals de vair sous un chef à 4 merlettes.* Il n'existe plus rien de la légende du sceau ; sur le contre-sceau on lit SE[*cretum....*] DE TOCIACO.

L'unique fille de cette troisième alliance fut Jeanne de Toucy qui en 1260 épousa Thibaut II de Bar-le-Duc (1).

Les armes de Bar *deux bars adossés sur un champ semé de croix recroisetées au pied fiché* sont très visibles sur le

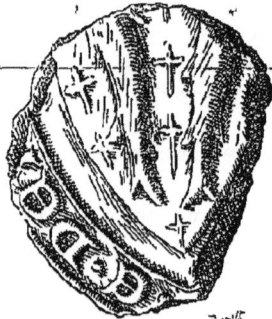

57. — Sceau de Thibaut II de Bar-le-Duc, 1242.

sceau (798 des *Archives*) de Thibaut II de 1242 qui devait être triangulaire et sur lequel il ne reste plus rien de la légende (2).

Nous connaissons deux empreintes du sceau de Jeanne de Toucy, l'une de 1267, l'autre de 1301 (799 et 800 des *Archives*) qui se complètent l'une l'autre.

(1) En 1884, aux pages 122-130 du *Bulletin de la section d'archéologie du comité des travaux historiques,* M. Maxe-Verly a publié un travail sur *les vitraux de Saint-Nicaise de Reims.* On y trouve la description d'une verrière où figuraient Thibaut et toute sa famille et où se trouvaient les blasons de Bar et de Toucy.

(2) Sous le numéro 74 des *Sceaux de la Haute-Marne* figure une empreinte de 1285 du sceau de Thibaut II.

Sous une arcade trilobée se rattachant à l'encadrement ogival du sceau et se terminant par un chou qui remplace la

58-59. — Sceau et contre-sceau de Jeanne de Toucy, 1267.

60-61. — Sceau et contre-sceau de Jeanne de Toucy, 1301.

croisette, on voit sur un champ semé des armes de Bar, une dame à coiffure carrée et à mentonnière, couverte d'un manteau vairé. De la main droite elle tient une rose à laquelle une rose semblable fait pendant dans le champ. La légende porte SIGILLUM IOHANNE.... RI DUCIS.

Le premier contre-sceau reproduit l'écu de son mari avec cette légende SECRET[um.....] MICHI...... Le second contre-sceau porte les armoiries des Toucy ; seulement les pals sont intervertis, les 4 merlettes du chef sont bien visibles, la légende renferme ces mots : + S. SECRETI COMITISSE [bar]RI DUCIS.

GUY VII

1264-1267

Guy VII, fils d'Emma et de Mathieu de Montmorency, ne fut seigneur de Laval que trois ans, de 1264 à 1267. Nous

62-63. — Sceau et contre-sceau de Guy VII, 1244.

ne connaissons aucune empreinte du sceau dont il se servit pendant ce court espace de temps. C'est du vivant de sa mère que datent les deux que nous allons décrire.

Le premier (2560 des *Archives*) est de mai 1244 ; il est absolument inédit et, malgré l'intérêt qu'il présente par la brisure du blason, il avait échappé aux recherches de Du Chesne.

Notre Guy était un petit cadet de Montmorency: Mathieu II avait eu de sa première femme Gertrude de Nesle trois fils : Bouchard VI, son successeur, Mathieu d'Attichy et Jean de Roissy. Guy n'était donc que son quatrième fils. Pour distinguer son écu de ceux de ses frères, il eut recours à une brisure dont personne n'a parlé jusqu'ici et qui ne rappelle en rien les armoiries attribuées aux premiers Laval ; il chargea *d'hermine* le premier quartier de ses armes (1).

Guy est représenté vêtu d'un haubert recouvert d'une cotte d'armes, de la main droite il tient une épée longue et large ; de la gauche il porte son écu blasonné. Le cheval au galop est vêtu d'une housse armoriée sur laquelle le premier quartier d'hermine et les trois autres aux alérions sont faciles à reconnaître.

Le second sceau (2555 des *Archives*) est le premier de notre série où figurent les coquilles sur la croix et où le blason, tel qu'il a été porté par les Guy de Laval, se présente dans sa forme définitive.

Nous avons dit que le second des enfants de Mathieu II de Montmorency était Mathieu d'Attichy. Le sceau de ce Mathieu portait précisément le blason chargé de cinq coquilles, dit de Laval. Du Chesne l'a publié à la page 25 de son *Histoire de Montmorency*, d'après des documents de 1246, 1248 et 1249. Il en existe encore une empreinte originale au Musée d'Amiens consistant en un sceau

(1) Guy de Laval figurait au tournoi de Compiègne en 1238. (*Revue Nobiliaire*, V, 410). Le blason qui lui est attribué est : *d'or à la croix de gueules, cantonnée de seize alérions de sable et chargée de cinq coquilles, aliàs de cinq roses*, selon le manuscrit. Notre sceau ne laisse aucun doute sur le blason que portait Guy avant 1250.

détaché de 0,08 qui figure sous le numéro 26 de l'*Inventaire des sceaux de Picardie.*

Ce Mathieu d'Attichy mourut sans enfants en 1250. Bouchard VI de Montmorency, son frère aîné, était décédé dès 1243 ; et, comme le droit de représentation n'existait pas dans la coutume de Paris, ce fut notre Guy de Laval qui devint seigneur d'Attichy. En même temps il prit le blason de son frère défunt et c'est ce blason qui a été conservé par toute sa postérité.

Le sceau que nous donnons est de 1251, il est malheureusement très fragmenté ; mais Du Chesne, qui avait vu une empreinte du même sceau apposée en 1256, l'a publié à la page 26 de son *Histoire.*

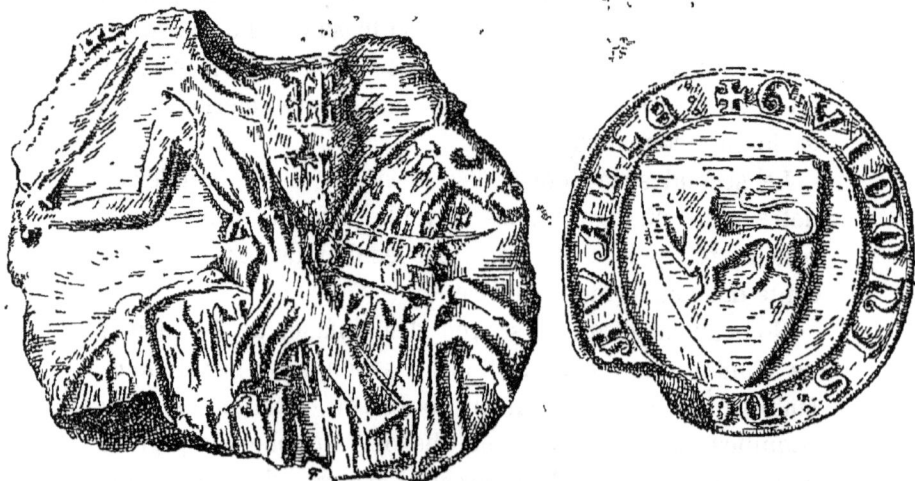

64-65. — Sceau et contre-sceau de Guy VII, 1251.

Le bouclier et la housse du cheval portent le blason dans lequel les cinq coquilles qui chargent la croix sont très accentuées. La légende donnée par Du Chesne est : S. DO-MINI GUIDONIS DE LAVALLE MILITIS. Le contre-sceau se compose d'un écu chargé d'un léopard avec cette légende :

+ GUIDONIS DE LAVALLE. Ce léopard est, croit-il, un souvenir du blason des anciens Laval. Contentons-nous de consta-

66-67. — Sceau et contre-sceau d'André de Vitré, 1230.

ter que nous l'avons déjà trouvé au-dessus de l'écu dans le contre-sceau d'Emma de 1256. Du reste il ne figurera plus sur aucun sceau des seigneurs de Laval et restera particulier à celui des Causes de cette ville.

La femme de Guy VII fut Philippe de Vitré, fille unique d'André de Vitré et de Catherine de Bretagne, qu'il épousa en 1239 et qui mourut le 16 septembre 1254 ; c'est par elle que Vitré devint le patrimoine des Laval.

Nous possédons deux sceaux d'André de Vitré (3924 et 3925 des *Archives*). Le sceau de 1230 a 0,072 de diamètre ; André y est représenté à cheval tenant sa lance en arrêt et montrant le blason de son écu triangulaire ; il est vêtu d'une cotte d'armes courte par dessus son haubert et porte un casque carré. Le contre-sceau du même diamètre contient un écu triangulaire au lion couronné et contourné (1). Sur l'un et l'autre la légende est la même : + SIGILLUM ANDREE DE VITREIO.

Le second sceau n'a que 0,04 de diamètre ; c'est un sceau

68-69. — Sceau et contre-sceau d'André de Vitré, 1239.

armorial mais sur l'écu, qui a la même forme que le précé-

(1) C'est par une erreur du graveur que le lion est ici contourné ; pour graver un sceau, le graveur doit placer le lion *contourné* pour que à l'épreuve il vienne dans la position naturelle. Or, si le graveur *par*

dent, le lion n'est pas contourné. La légende du sceau est :
+ S. ANDREE DE VITREIO; le contre-sceau porte: + SECRETUM.

Nous ajouterons ici le sceau de la sœur de la femme de
Guy VII, Alix de Vitré qui, vers 1248, épousa Foulques III
de Mathefelon. Alix est représentée debout en robe et manteau vairé, coiffure carrée à mentonnière, tenant un faucon ;
on distingue le gant de fourrure qui préserve son poignet. De
chaque côté dans le champ un petit écusson, l'un porte trois
écus et l'autre un lion couronné, la légende contient encore
ces mots : *Domine de Matefelon.*

70-71. — Sceau et contre-sceau d'Alix de Mathefelon, 1273.

Le contre-sceau porte une croix chargée de cinq coquilles
et cantonnée de quatre aiglettes, avec ces mots en légende:

oubli de cette règle essentielle, place le lion naturellement il se trouve
contourné à l'épreuve. C'est le cas ici, il en est de même pour les
lettres de la légende. Il en existe qui sont écrites à l'envers d'un bout
à l'autre. C'est sans doute ce sceau qui a fait dire en plusieurs anciens
armoriaux que le lion de Vitré était contourné. Sur des pavés émaillés
du XIVe siècle, le lion de Vitré est ainsi représenté parce qu'ils étaient
eux-mêmes copiés sur les sceaux.

✠ S. ALIZ DAME DE MATEFELON. De ces trois blasons, celui de droite est celui de son mari, celui de gauche celui de son père. Nous ne saurions dire l'origine de celui du contre-sceau. A l'exception des Chevreuse seigneurs de Dampierre, nous ne connaissons aucune famille dont les armes soient ainsi figurées (1).

Outre Guy VIII, Guy VII eut de Philippe de Vitré deux filles, Catherine et Emmette. Catherine épousa Hervé, vicomte de Léon, Emmette, au dire de Bourjolly (I, 210), serait restée fille, faute d'avoir rencontré une alliance digne de son rang; l'étude des sceaux nous met à même de le rectifier sur ce point; Emmette épousa Prigent, vicomte de Coëtmen. Cette alliance a été établie par M. A. de Barthé-lemy, dans son travail sur les sires de Coëtmen (2); Emmette mourut en 1343, Prigent après 1308; ils furent enterrés en l'abbaye de Beauport. Leurs sceaux ont été publiés par dom Morice à qui nous empruntons ses dessins dont il nous est impossible de contrôler l'exactitude.

Au centre du sceau de Prigent, dans un double qua-drilobe, figure le blason des Coetmen chargé *de sept annelets posés trois, trois, un.* La légende est : ✠ S. PRI-GENTII VICECOMTIS DE QUOTMEN.

Le sceau d'Emmette porte parti de Laval et de Coetmen avec la légende : ✠ S : AMETE . DE . LAVALL . DNE. DE . COITM : Nous ferons remarquer d'abord que le graveur a placé le parti de Laval à droite au lieu de le mettre à gauche; de plus — mais cette inexactitude doit être l'œuvre du graveur de dom Morice — dans les armes de Laval la croix est chargée de *neuf* coquilles, au lieu de *cinq.*

(1) Voir Auguste Moutié, *Recherches sur Chevreuse,* deuxième partie p. 358 et planche III, numéros 19 et 20 de l'album.
Nous devons cependant mentionner Marguerite de Montaigu et de la Garnache qui, selon la *Revue de l'Ouest,* p. 18 de la seconde partie du t. I, 1885, portait : *d'argent à la croix d'azur, cantonnée de quatre aigles de gueules.*
(2) *Revue Nobiliaire,* tome III (1865), p. 303-309, 362-370.

Un débat, qui en 1298 existait entre le duc de Bretagne d'une part, Prigent et Emmette de l'autre, au sujet de leurs droits dans la succession du vicomte de Léon, est connu des historiens. Il a amené la plupart d'entre eux à prétendre qu'Emmette était une demoiselle de Léon. Son sceau, ainsi que ce qu'on connaît des vitraux de la collégiale de Tonque-

72-73. — Sceaux de Prigent de Coëtmen et d'Emmette de Laval, 1298.

dec et des ornements de la « chapelle du Vicomte » en l'abbaye de Beauport, nous permettent d'affirmer contre ces divers historiens que l'épouse de Prigent était bien fille d'un Laval, et, contrairement au dire de Bourjolly, qu'Emmette, fille de Guy VII, trouva une honorable alliance dans la famille de Coëtmen.

. A l'époque de Guy VII appartient la gravure du plus ancien sceau de la Cour de Laval. Cet écu qui portait : *parti au premier d'un léopard et au deuxième de Montmorency-Laval*, ne fut changé à aucune époque. Dans la plupart des fiefs, les sceaux des Cours étaient modifiés par chacune des familles qui les possédaient. Rien de semblable à Laval, jusque sous les la Trémoïlle la Cour conserva le blason qu'elle portait sous Guy VII.

M. L. Garnier a bien voulu nous communiquer plusieurs spécimens détachés de ce sceau, sur lequel le graveur a

74-75. — Sceau et contre-sceau de la Cour de Laval, 1250-1397.

tracé un lion passant au lieu d'un léopard, et qui, gravé peu après 1250, était encore en usage en 1397 (1).

Les sceaux de la cour de Vitré ne nous sont connus que par les dessins donnés par M. l'abbé Pâris Jallobert. Celui

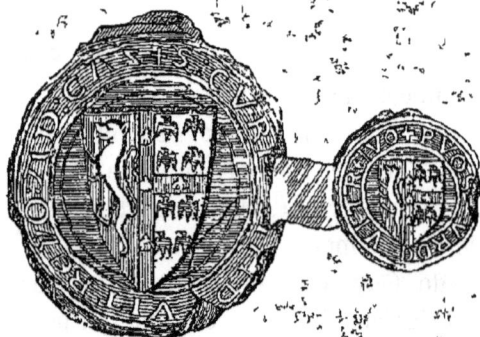

76-77. — Sceau et contre-sceau de la Cour de Vitré, 1294.

qu'il publie d'après une empreinte de 1294 est absolument

_____

(1) Bibliothèque nationale, fonds latin, n° 17123, fol. 195.

semblable à notre sceau de Laval (1). Il porte le lion de Vitré accolé au blason de Montmorency-Laval avec la légende : S. CURIE DE VITREYO AD CAUS., et au contre-sceau : PARVUS CUR. DE VITREYO.

C'est au XIIIe siècle qu'il faut faire remonter aussi la gravure du sceau de la Cour de Meslay. Le dessin que nous en donnons est pris sur une empreinte de 1421 que nous a

78-79. — Sceau et contre-sceau de la Cour de Meslay, 1421.

communiquée M. l'abbé Angot. Nous ferons remarquer que la croix est très étroite et que, faute de place sans doute, elle semble n'avoir pas été chargée des cinq coquilles.

GUY VIII

1267-1295

Nous ne connaissons qu'un seul exemplaire du sceau de Guy VIII (2). Il est appendu à la charte relative à

(1) Nous le donnons tel qu'il figure aux *Notes et documents sur Vitré* avec les hachures de convention destinées à représenter les couleurs mais dont l'invention ne remonte qu'au XVIIe siècle.

(2) Dans la *Revue Nobiliaire* (IV, 385-394) M. Goethals a publié, d'après le roi d'armes Gilbert, la liste des cinquante-cinq chevaliers français qui, le 27 mai 1269, prirent part au tournoi de Cambrai, célébré à l'occasion du mariage de Jean de Brabant avec Marguerite, fille de saint Louis. Les onzième et quinzième chevaliers sont Mathieu III de Montmorency et Guy VIII de Laval.

« Mathieu entra dans l'arène le front ceint d'une couronne fleuron-

la Perrine, donnée à la Gravelle le 3 mars 1293 (1) et qui est
entrée tout récemment dans le cabinet de M. Paul de Farcy.

C'est le plus ancien sceau des Laval qui soit conservé
dans le Maine.

Le sceau, très finement gravé, avait tout près de 0,09 de
diamètre. L'empreinte sur cire brune porte un chevalier
armé de toutes pièces, la tête couverte d'un haubert. De la

80-81. — Sceau et contre-sceau de Guy VIII, 1293.

main droite il brandit une longue épée, de la gauche il porte
un bouclier chargé, ainsi que la housse de son cheval, du

née d'or portant pour cimier *une tête et col de chien braque au naturel.* »
Guy VIII avait aussi une couronne fleuronnée d'or « il portait l'écusson
de l'illustre maison de Montmorency *brisé de cinq coquilles d'argent,
sur la croix de gueules ;* son cimier se distinguait aussi par une brisure,
le chien étant colleté d'or ».

(1) Page 538 du tome IV de la *Commission archéologique de la
Mayenne,* par M. J.-M. Richard, qui ne mentionne pas le sceau.

blason de Montmorency-Laval. Il ne reste plus rien de la
légende, et peu de chose du corps du cheval.

Le contre-sceau est bien mieux conservé ; il porte sur un
petit écu central, non pas le *léopard* comme l'avait cru
M. de la Beauluère (1), mais un *lion passant*, dans lequel il
est facile de reconnaître le blason de Vitré. La légende est :
+ LE SECRE GUY DE LAVAL CHEVALIER. Ce contre-sceau
servait sans doute ordinairement de signet pour la seigneurie de Vitré.

La première femme de Guy VIII, la mère de Guy IX, fut
Isabelle de Beaumont. Son père Guillaume était seigneur de
Passy-sur-Marne (Aisne) et de Villemomble (Seine). Il
possédait en outre Bréviaires en Iveline, qui lui avait été
donné en juillet 1267 par Robert IV de Dreux, et Béatrix sa
femme, et dont Guy VIII fit hommage le 9 mars 1283 à
Béatrix, devenue veuve. Guillaume joua à la cour de Naples
ainsi que ses trois frères Geoffroy, Pierre et Dreux un rôle
des plus importants sous Charles I d'Anjou. Voici la notice
que lui consacre un historien local (2) :

« Guglielmo de Beaumont consigliere e familiare di Carlo I
di Angio, è il primo ammiraglio del regno, de cui si à noti-
zia a' tempi di quel sovrano. Ritenendo questo uffizio, fu
prescelto encora da re Carlo a suo vicario generale in Sicilia,
dove nel giorno 26 de marzo del 1269 gli mando i capitoli
dell' Amiragliato. Nel 19 de giugno dello stesso anno 1269 fu
dal re richiamato della Sicilia per altra missione, ed in sua
vece fu creato vicario generale de quella isola Guglielmo
de Modioblat maestro giustiziero del regno ; ma stando

---

(1) Le Doyen, p. 373.

(2) Minieri Riccio p. 18-20 de son livre *De grandi ufficiali di Sicilia
del 1265 al 1285* (Napoli, 1872, in-8°). Ce même volume contient des
notices sur les trois oncles d'Isabelle ; sur Geoffroy, p. 186-188 ; sur
Pierre, p. 162-165 ; sur Dreux, p. 226-227.

On trouve aussi des renseignements sur ces Beaumont dans les deux
volumes de M. Durrieu. *Archives Angevines de Naples*, I, 232-233 ;
II, 190, 282.

tuttavia in Sicilia si mori pochi giorni prima che il suo successore avesse preso possesso del vicariato.

» Quando re Carlo dapo essersi liberato di Corradino, nell' anno 1268 consfisco tutti i feudi à seguaci di quell' infelice giovane, dono al Beaumont la Contea de Caserta.

» Isabella sua unica figliola sposo Guido de La Valle, nè curo di venire in regno a prestare il giuramento (1) non ostanti che re Carlo a preghiere de Goffredo de Beaumont cancelliere del regno, di Pietro de Beaumont camerario del regno e de Drogone de Beaumont maresciallo del regno, fratelli del defunto ammiraglio, le avesse accordata una proroga; per la qual cosa, passato anche questo tempo senza che essa venisse a prestare il giuramento de omaggio e di fideltà, la contea de Caserta definitivamente, ritorno alla regia camera. »

Selon le même ouvrage Geoffroy de Beaumont, frère de Guillaume, après avoir été chancelier de l'église de Bayeux, devint en 1271 doyen puis évêque de Laon. Dans son testament il nomma parmi ses exécuteurs testamentaires « maestro Radulfo de Vemarche, decano de S. Pietro in Corte a Mans ».

Dans le *Nobiliaire de Montfort-l'Amaury* (2) on donne à ces Beaumont le blason suivant: « *échiqueté d'or et de gueules au lambel d'azur* ».

Nous donnons divers monuments relatifs au père et à la

---

(1) Ce qui est dit ici sur la déchéance d'Isabelle rectifie l'*Art de vérifier les dates* sur un prétendu voyage fait en 1275 par Guy VIII, pour prendre possession du comté de Caserte.

(2) *Nobiliaire et armorial de Montfort-l'Amaury*, par Adrien Maquet et Adolphe de Dion, extrait du Ve volume des *Mémoires de la Société de Rambouillet*, paginé 49 a 516. Nous devons remercier ici M. de Dion qui nous a adressé copie du don de 1267.

Au tournoi célébré à Cambrai le 27 mai 1269 figurait un Guillaume de Beaumont qui portait *d'argent à trois tours de sinople, crénelées et maçonnées de gueules ; son cimier était une tour de l'écu*. A cette époque le beau-père de Guy VIII était en Sicile.

82-83. — Agnès de Beaumont et Louis de Brienne (vitrail d'Étival).

84-85. — Tombes d'Agnès de Beaumont et de Louis de Brienne.

mère de la seconde femme de Guy VIII, Jeanne de Brienne. Agnès de Beaumont-le-Vicomte, la dernière de son nom, fut vicomtesse de Beaumont et épousa vers 1253 Louis de Brienne, troisième fils de Jean de Brienne roi de Jérusalem. M. Eugène Hucher a été assez heureux pour trouver dans les dessins de Gaignières la représentation de deux verrières de la chapelle d'Etival où figuraient Louis de Brienne et Agnès. Louis est représenté vêtu de son haubert lequel est couvert de la cotte d'armes au blason des Brienne « *d'azur aux fleurs de lys sans nombre chargées d'un lion brochant* ». Agnès porte un long surcot armorié du blason de Beaumont « *chevronné d'or et de gueules* ». Les figures sont posées sur des fonds rouges pour Louis, bleus pour Agnès, ornés l'un et l'autre de fleurs de lys d'or. Comme le fait remarquer M. Hucher, « Louis se détache avec sa cotte bleue sur le fond rouge et jaune des armes de sa femme ; celle-ci ressort sur les couleurs de son mari bleues et jaunes ».

Outre ces vitraux nous empruntons encore à M. Eugène Hucher (1) la pierre tombale d'Agnès, d'après le monument découvert par lui à Etival et celle de Louis de Brienne, d'après un dessin de Gaignières.

Guy VIII et Jeanne de Brienne laissèrent une nombreuse progéniture. Leur aîné fut André qui épousa la fille d'Hugues de Beauçay, veuve de Guillaume d'Usage, vidame du Mans. Ils furent la tige des branches de Loué, de Lezay, de Brée, de Bois-Dauphin et de la Faigne. Le blason des Beauçay était *de gueules à la croix recerclée ou ancrée d'or.*

GUY IX

1295-1333

A Guy IX appartient le sceau de 1331 de Guy de Laval,

(1) Ces quatre importants dessins sont empruntés au travail de M. E. Hucher sur les Beaumont.

sire de Pacy. En effet à la mort d'Isabelle de Beaumont, vers 1272 la seigneurie de Passy-sur-Marne (Aisne) passa à son second fils Guillaume qui, décédé sans enfants, la laissa à Guy IX, son frère aîné. Elle passa au quatrième fils de ce dernier, Jean, chef de la branche de Passy. Guy est représenté (1198 de la *Flandre*) sur un cheval lancé au galop; le bouclier, l'épaulière, le troussequin et la housse

86-87. — Sceau et contre-sceau de Guy IX, 1331.

portent le blason des Laval; le casque du chevalier et la tête du cheval sont cimés d'une aiglette entre deux cols de paon. L'épée est retenue par une chaîne. La légende porte SCEL GUY DE LAVAL SIRE DE [*Paci*] CHEVALIER. Les mots sont séparés l'un de l'autre par une rose.

Le contre-sceau est orné d'un écu armorié garni de petits feuillages avec cette légende : ✠ CONTRE S. GUY DE LAVAL SIRE DE PACI CHV.

Ce sceau est fort habilement gravé et peut être considéré comme l'un des plus beaux types de cette époque.

En 1290, suivant Bourjolly, Guy IX épousa Béatrix de Gavre.

Gavre est une seigneurie située dans la Flandre orientale. Pendant tout le XIIIᵉ siècle ses seigneurs ont porté le prénom de Rasse : Rasse VI de 1203 à 1244, Rasse VII de 1244 à 1253 ; Rasse VIII enfin de 1253 à 1300. Béatrix, fille de Rasse VIII et de Béatrix de Longueval, hérita des seigneuries de Gavre, de Vinderhoute et de Meerendée en 1300, lors de la mort de son père qui, ayant épousé en secondes noces Béatrix de Stryen, se noya à Gavre dans l'Escaut.

La terre de Gavre resta dans le patrimoine des seigneurs de Laval jusqu'en 1515, époque où Guy XVI la vendit pour 34.000 couronnes d'or à Jacques de Luxembourg.

« Il paraît certain que jamais les seigneurs de Gavre n'ont porté, comme on le croit communément, un écu *d'or au lion de gueules, armé, lampassé et couronné d'azur, à la bordure dentelée de sable.* Ces seigneurs ont porté, depuis le XIIIᵉ siècle, un écu *de gueules à trois lions d'argent, couronnés, armés et lampassés d'or ;* ils ont sans doute adopté les armoiries de la seigneurie de Chièvres *(de gueules à trois lions d'argent)* que leur avait transmises la célèbre Domitiane de Chièvres (1) ».

C'est donc bien à nos Gavre qu'il faut assigner divers sceaux venus jusqu'à nous et qui portent les trois lions.

De Rasse VII, grand père de Béatrix, nous avons deux sceaux de 1237 et de 1245, faisant partie de la collection des *Archives ;* ils portent les numéros 10395 et 10396.

De Rasse VIII nous en avons trois : le nᵒ 10397 des

(1) Emile Borchrave au tome VII de la *Biographie nationale Belge* où nous avons trouvé les renseignements qui précèdent sur les Gavre. - Nous ferons remarquer qu'une erreur avait été commise à Laval, le 5 septembre 1852 lors de la cavalcade figurant l'entrée de Béatrix, dont la bannière portait *d'or au lion de gueules passant.* Maignan, *Exposition des produits de l'industrie à Laval* (Laval, 243 p. in-12, 1852), p. 31.

Archives qui est de 1275 et les numéros 931 et 932 des sceaux de *Flandre* qui sont de 1287 et 1292.

Nous croyons aussi reconnaître dans le numéro 1222 des sceaux de Flandre le sceau du frère que Béatrix de Gavre vit mourir avant elle et dont le décès la rendit héritière de cette seigneurie. Un sceau de l'année 1287 à l'écu portant *trois lions, au bâton brochant* avec la légende s RASSONIS FILII DOMINI DE LIDEKERKE PRIMOGENITI nous semble celui du fils de Rasse VIII.

Malgré cette abondance nous ne donnons ici aucun de ces sceaux qui touchent de trop loin à l'histoire du Maine.

Nous plaçons ici le blason des Laval tel qu'il était peint en la maison de Vicoigne à Valenciennes, en faisant remar-

88. — Vitrail de la maison de Vicoigne.

quer que l'oiseau qui figure sur le casque devait être un paon dont le dessinateur a omis l'aigrette (1).

---

(1) Ce dessin, qui appartient à la collection Gaignières, est conservé au n° 24020 du fonds français, intitulé : *Epitaphes de Flandre.*

Le quatrième fils de Guy IX et de Béatrix fut Jean de Laval, seigneur de Passy-sur-Marne. Nous avons un sceau du fils de ce dernier, Guy de Passy. Jean de Passy avait pour brisure *un quartier de gueules chargé de trois lionceaux d'argent*. Il est possible que ce quartier ait existé sur notre sceau de Guy de Passy,

89. — Sceau de Guy de Passy, 1383.

donné en 1383 (5129 de *Clairambault*), mais il n'est plus visible aujourd'hui et M. Demay se borne à le décrire ainsi : « *Ecu à la croix chargée de cinq coquilles et cantonnée de seize alérions, penché, timbré d'un heaume........ supporté par un lion et un griffon.* »

Leur cinquième fils fut Foulques marié à Jeanne de Chabot-Retz, dite la folle. Nous donnons son sceau, dont aucun

90. — Sceau de Foulques de Laval-Retz, 1351.

moulage n'a été fait, d'après une empreinte du 2 juin 1351 conservée au folio 13 du volume 1668 des *Pièces originales* de la Bibliothèque nationale. Le premier quartier de l'écu porte comme brisure un lion emprunté au blason des Gavre tandis que les Laval-Passy chargeaient le premier quartier de leurs armes des trois lions de Gavre.

GUY X

1333-1346

Guy X, dès 1315, avait épousé Béatrix de Bretagne, née le 7 décembre 1295 d'Arthur II de Bretagne et de sa seconde femme Yolande de Dreux, elle-même fille de Robert IV de Dreux et de Béatrix de Montfort-l'Amaury.

91-92. — Sceau et contre-sceau de Arthur II de Bretagne, 1297.

Nous possédons deux sceaux d'Arthur II qui tous deux font partie de la collection des Archives. Le premier (540 des *Archives*) est antérieur à son avènement au duché de

Bretagne aussi ne porte-t-il pas les armes pleines de Bretagne ; elles sont brisées d'une bordure engreslée de gueules. Ce sceau fut apposé le 28 janvier 1297 au contrat de mariage du fils d'Arthur, Jean III de Bretagne, avec Isabelle de Valois. Il représente Arthur à cheval, brandissant son épée. Son casque à ses armes est sommé d'un dragon ailé. Son cheval lancé au galop est recouvert d'une housse armoriée. Tout autour d'un triple rang de grenetis on lit : SIGILLUM A[*rturi*] PRIMOGE[*ni*]TI DUC[*is Bri*]TANIE.

Le contre-sceau offre l'écu de la face dans un trilobe richement ouvragé avec la légende QTS ARTURI PROGENIT DUCIS BRITANIE [*contra sigillum Arthuri primogeniti ducis Britannie.*]

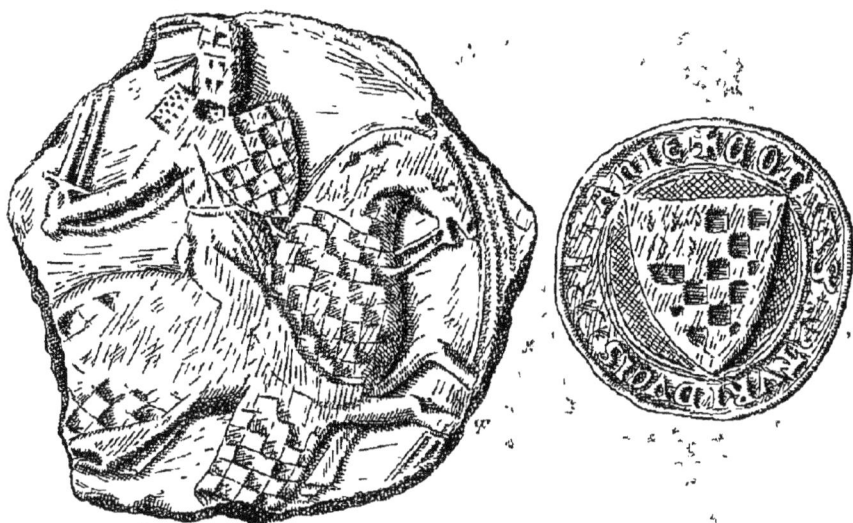

93-94. — Sceau et contre-sceau d'Arthur II de Bretagne, 1308.

Le 30 avril 1308, étant duc de Bretagne, il nomma des procureurs pour l'assemblée de Tours. Sur le sceau apposé à ce document son épée est retenue par une chaîne. Il porte aussi des épaulières à ses armes pleines, et son cheval avait un panache sur la tête. Ce sceau est moins fin que le premier. Le contre-sceau est lui aussi bien plus grossièrement gravé, le fond a été haché pour faire ressortir l'écu.

Il ne reste plus rien de la légende du sceau ; celle du contre-sceau se lit : ✚ COTRAS. ARTURI DUCIS BRITANIE (*contra sigillum Arthuri ducis Britannie*).

Guy X et Béatrix de Bretagne eurent trois enfants : 1º Guy XI qui succéda à Guy X ; 2º Jean de Laval qui, sous le nom de Guy XII, succéda à son frère aîné ; 3º Catherine ou Béatrix de Laval qui en février 1361 épousa Olivier IV de Clisson, à qui elle apporta la seigneurie de Villemomble (Seine).

Nous possédons trois sceaux d'Olivier de Clisson.

Celui qui est conservé dans la collection Clairambault sous le numéro 2626, appartient à son père, Olivier III ; il a été apposé le 14 novembre 1336. C'est « un sceau rond de 0,024

95. — Sceau d'Olivier III de Clisson, 1336.

portant un écu au lion couronné, penché, timbré d'un heaume de face, cimé d'un lion assis entre deux bras armés dans un quadrilobe ».

Des sceaux d'Olivier IV, dont nous possédons des empreintes, le plus ancien est produit par un chaton de bague très curieux. Il est posé sur une promesse de rendre au roi le château de Josselin, 21 juillet 1370 (200 des *Archives*).

On y voit un heaume vu de face, couronné et cimé d'un vol au naturel. De chaque côté trois м gothiques en pal.

Un autre se trouve dans Gaignières, (2627 de *Clairambault*) : Quittance délivrée au trésorier des guerres, 15 décembre 1380, et aux Archives nationales, n° 201, 2 août 1387 : Ordonnance de lever des aides dans les terres du Poitou. Ce joli sceau reproduit le heaume du signet de 1370. L'écu au lion couronné est supporté par deux griffons, l'м se retrouve à droite et à gauche du vol. De la légende on lit : S OLIVIER SIRE DE CLI...... LE.

96-97-98. — Sceaux d'Olivier IV de Clisson, 1370, 1380, 1397.

Enfin le plus curieux des trois est appendu à une promesse de prendre le parti du duc d'Orléans, 19 octobre 1397, (n° 202 des *Archives*). Ce sceau, très habilement gravé, porte un homme d'armes issant à mi-corps d'une tour crénelée, coiffé d'un heaume, cimé d'un vol chargé, ainsi que le fond, de la lettre м. Il tient de la droite une épée nue, de la gauche un bouclier en palette, enfin une élégante banderolle porte ces mots en gothique : POUR CE QU'IL ME PLEST. A la légende on lit : + SEEL OLIVIER SIRE DE CLISSON ET DE BELLEVILLE.

Plusieurs de ces sceaux se retrouvent dans Dom Lobineau. Le second y est figuré avec la date 1381 sous le n° CLXIII, on y voit un o et un M au lieu des deux M. Le troisième serait-il celui que l'on représente sous le n° CLXXIII et la date 1407? Il a été agrandi démesurément, car au lieu de 38 millimètres on lui en a donné 85.

Au dire de Du Chesne (*Histoire*, p. 570), « par le contrat de ce mariage le seigneur de Clisson accorda à Guy XII, sire de Laval, frère de Catherine, de porter ses armes écartelées de Laval et de Clisson en reconnaissance et mémoire d'une si grande alliance. » Cette clause demeura sans effet car aucun de ses sceaux n'est écartelé de Laval (1).

Le sceau suivant appartient à un petit cousin de Guy X, à Bertrand de Laval d'Attichy, quatrième enfant du second fils de Guy VII et de Thomasse de Mathefelon, Bouchard d'Attichy.

99. — Sceau de Bertrand de Laval d'Attichy, 1339.

Ce sceau (5126 de *Clairambault*) est du 28 octobre 1339 ; il est rond de 0,022 ; son écu porte les armes de Laval, le premier quartier chargé d'un lion passant brisé d'un bâton en bande brochant sur le tout.

Guy X fut tué le 18 juin 1337 à la bataille de la Roche-Derrien. Son corps fut rapporté à Vitré et enseveli au milieu du chœur de l'église de la Madeleine sous un tombeau élevé

---

(1) Le 23 avril 1407, Olivier de Clisson mourut en son château de Josselin, il fut enterré en l'église Notre-Dame, sous un tombeau dont se sont occupés M. de Fréminville (*Antiq. du Morbihan* 1835, p. 120) et M. Biseul (p. 291 du *Congrès archéologique* de 1843).

Le musée de Versailles sous les n°ˢ 1271 et 1272, conserve les moulages des statues tombales d'Olivier de Clisson et de Marguerite de Laval, son épouse.

de deux ou trois pieds et entouré de sculptures. Au commencement de ce siècle il n'en restait plus que la tablette dont la statue avait été arrachée pour être brisée. Cette tablette est conservée à la mairie de Vitré (1).

Béatrix mourut seulement le 7 décembre 1382 (2).

GUY XI

1347-1348

Guy XI, fils de Guy X et de Béatrix de Bretagne, succéda à son père le 18 juin 1347. Dès 1338 il avait épousé Isabeau, fille de Maurice VII de Craon et de Marguerite de Mello, dont il n'eut pas d'enfant et qui mourut le 2 février 1394, après avoir été mariée trois fois.

Guy XI mourut à Vitré le 22 septembre 1348 ; et, comme son père, fut enseveli en l'église de la Madeleine de Vitré.

Nous n'avons rencontré aucun sceau de Guy XI.

GUY XII

1348-1412

Guy XII, second fils de Guy X, succéda à son frère ; en premières noces, vers 1348, il épousa Louise de Châteaubriand, - dite de Dinan. C'était la fille de Geoffroy VII de Châteaubriand, la sœur de Geoffroy VIII, morts l'un en 1326 et l'autre le 20 juin 1347. Elle se trouvait héritière de ce fief dont Guy XII fut seigneur jusqu'au 27 novembre 1383, époque où le décès de Louise, qui ne lui avait pas donné d'enfant, fit passer la seigneurie de

(1) Voir *Fondation de l'église collégiale de la Madeleine de Vitré* (à Vitré, 1841, 76 p. in-8°) p. 65.

(2) On a donné son épitaphe et celle de Guy X dans *Bourjolly*, I, 240.

Châteaubriand sur la tête de son neveu à la mode de Bretagne, Charles de Dinan. Son fils Jacques laissa lui-même une fille unique Françoise de Dinan, que nous verrons devenir la femme de Guy XIV.

Nous possédons deux sceaux sur lesquels figure l'écu de Laval écartelé de Châteaubriand. Ils appartiennent à Guy XII.

Le premier (**2557** des *Archives*) est appendu à une approbation du traité de Guérande de 1380.

Ce sceau, très habilement gravé, porte l'écu de Laval écartelé de Châteaubriand ; le casque orné de lambrequins à fleurs de lys, est sommé d'un bonnet à visière d'où sort un lion assis dans un vol également fleurdelysé. Le fond est rempli par une rosace à compartiments trilobés. De la légende on lit : [s]IRE DE LAVAL..... DE CHATIAUBRIAND.

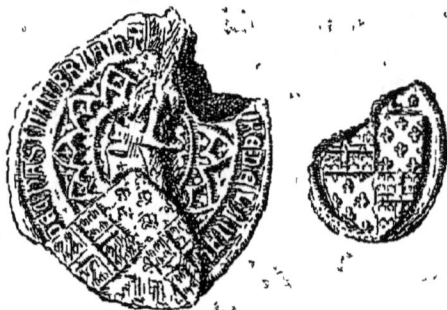

100-101. — Sceaux de Guy XII, 1380-1381.

Le second (*Archives*, 2558) est appendu à un traité de 1381 passé entre Charles VI et Jean, duc de Bretagne. C'est un signet ovale surmonté des lettres G L dont on ne voit plus que la seconde accostée d'une rose. Il était entouré d'un grenetis et ne portait pas de légende.

En secondes noces Guy XII, le 28 mai 1384, épousa sa cousine, Jeanne de Laval, veuve depuis le 13 juillet 1380 du connétable Du Guesclin. Cette Jeanne, fille de Jean de Laval, seigneur de Châtillon en Vendelais, était arrière petite-fille de Guy VIII et petite-fille d'André de Laval.

Son père était seigneur d'Olivet et portait le blason de son grand-oncle, mort sans postérité, Guy d'Olivet : *de Laval à la bordure besantée*. Nous donnons son sceau (2559 des *Archives*), d'après une empreinte du 11 juillet 1370 (1). C'est un

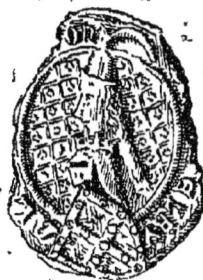

102. — Sceau de Jean de Laval-Châtillon. 1370.

sceau rond de 0,030 dont l'écu « *de Laval brisé par une bordure besantée, est penché, timbré d'un heaume cimé d'une tête de magicien.* » Ce Jean de Laval-Châtillon mourut en 1398 après avoir vu sa fille unique épouser successivement le connétable du Guesclin et Guy XII (2).

Celui qui reprit son blason fut son neveu, appelé aussi

103. — Sceau de Jean de Laval-Loué, 1405.

Jean de Laval, fils de Guy I de Loué. Nous donnons son sceau tel qu'il nous est fourni par un dessin de Gaignières

(1) Ce sceau est apposé à une charte par laquelle Jean de Châtillon et son frère Guy de Laval-Loué reconnaissent avoir reçu en garde du roi Beauçay et Ballon.

(2) A la cathédrale du Mans, dans le transept à gauche de la rose au-dessus de la chapelle des fonts, il existait au siècle dernier huit

d'après une empreinte de 1405 (folio 197 du registre 1669 des *Pièces originales*), sans qu'il nous soit possible d'expliquer la présence de l'aigle, qui y occupe le premier quartier du blason, autrement que par une erreur du dessinateur de Gaignières.

A côté des sceaux des seigneurs de Châtillon en Vendelais nous devons placer le sceau des contrats de la même seigneurie, tel qu'il a été publié à la page 96 du tome III de la *Commission de la Mayenne*. Il est artistement gravé : au centre le blason de Laval-Châtillon dans un quatrefeuille orné, soutenu de deux salamandres et surmonté d'un petit

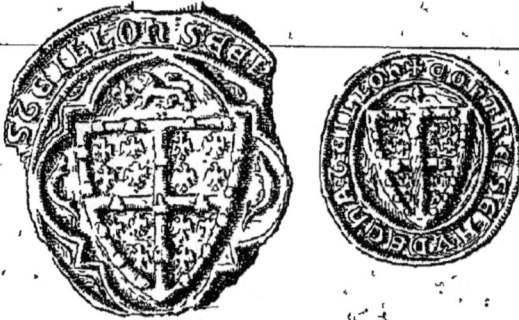

104-105. — Sceau et contre-sceau des Contrats de Châtillon en Vendelais.

lion passant tenant une fleur de lys. Huit petites plumes adossées deux à deux remplissent les intervalles des lobes. De la légende on ne lit plus que : SEEL... STEILLON. Le contre-sceau est plus petit et tout semblable, sa légende porte : + CONTRE-SEAU DE CHASTILLON.

Quant à Guy I de Laval-Loué, il ne portait pas comme brisure le quartier de Brienne-Beaumont, attribué ordinai-

vitraux. L'un d'eux représentait Du Guesclin, deux autres Guy XII et Jeanne de Laval, bien facile à reconnaître à son blason *bordé de sable et besanté d'argent*.

Ce renseignement, emprunté aux notes de Maulny, se trouve à la p. 249 de l'*Essai sur l'Armorial du diocèse du Mans* de Cauvin.

rement à sa branche. Son sceau (2556 des *Archives*) appendu le 11 juillet 1370 au même document que celui de son frère, Jean de Châtillon, nous montre l'écu de Laval brisé au premier canton de l'écu de Beauçay. C'est bien du reste

106. — Sceau de Guy I de Laval-Loué, 1370.

le blason qui, selon Du Chesne (*Histoire*, p. 597) figurait sur sa tombe à Benais, celui aussi que portait son second fils Thibault de Loué, avant la mort de son aîné, Jean, décédé sans postérité.

Du Guesclin vers la fin de 1363 avait épousé Tiphaine Raguenel, décédée en 1372 sans lui avoir donné d'enfants. Le 21 janvier 1374 (n. s.) il épousa Jeanne de Laval et, au dire de Le Blanc de la Vignolle, par son contrat, il lui reconnut « cent mille francs d'or ; considérant du *grand et haut état du lignage de la demoiselle et du sien.* »

Nous avons cinq sceaux de Du Guesclin.

L'empreinte la plus ancienne (4310 de *Clairambault*)

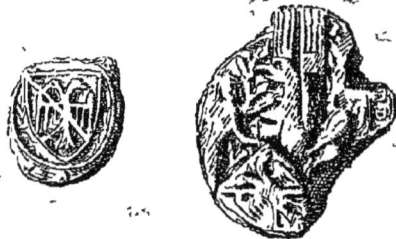

107-108. — Sceaux de Du Guesclin, 1364-1365.

date de mars 1364 (n. s.) ; elle ne se compose plus que d'un écu rond de 0,020 portant *une aigle éployée au bâton en bande, brochant.*

La seconde (197 des *Archives*) est appendue à une pio-
messe du 22 août 1365 par laquelle Du Guesclin — en retour
des quarante mille florins d'or, que le roi payait pour sa
rançon, à la suite de sa capture à Auray, le 29 septembre
1364 — s'engage à faire sortir de France les Grandes Compa-
gnies. L'écu est penché, surmonté d'un casque cimé d'une
tête d'aigle dans un vol et soutenu par deux femmes. Le
fond est garni de feuillages. De la légende on ne lit que
B[*ertra*]ND.....

C'est ce sceau qui disparut le 3 avril 1367 pendant la
bataille de Najera, ou Navarette (1). Aussi le suivant dût-il

109-110-111. — Sceaux de Du Guesclin, 1367, 1376, 1379.

être gravé dans le courant de l'année. L'empreinte que nous
possédons (198 des *Archives*) figure sur l'engagement du
27 décembre 1367 relatif à sa rançon. L'écu est entouré
d'un double encadrement trilobé.

Le quatrième et le cinquième sont à peu près pareils
l'un (199 des *Archives*) est du 16 février 1377 scellant la vente
du comté de Montfort au roi, on lit encore de la légende :
...DI. DE GUESCLINO COMITIS..... L'autre (4311 de *Clairambault*) du 25 octobre 1379 ; l'écu est sommé d'un casque
avec couronne et une tête de griffon.

Du Guesclin mourut le 13 juillet 1380 (2).

(1) Voir *Froissart* de Siméon Luce, tome VII, p. xx.
(2) Son cœur fut placé dans l'église Saint-Sauveur de Dinan ainsi

Le contrat de Guy XII et de Jeanne de Laval fut passé le 28 mai 1384.

Nous empruntons au *Cartulaire de la Couture*, page 344, les sceaux de Guy XII et de Jeanne (1) tels qu'ils ont été dessinés par Gaignières d'après les cires rouges originales

112-113. — Sceaux de Guy XII et de Jeanne de Laval, 1397.

pendues à l'accord établi pour la fondation des Cordeliers de Laval, le 5 novembre 1397 entre le couvent de la Couture et le prieuré de Pritz.

Nous y joignons un fragment du même sceau de Guy XII

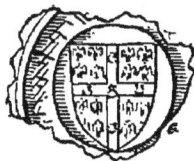

114. — Sceau de Guy XII, 1410.

apposé à un reçu du 12 octobre 1410 conservé au folio 35 du registre 1668 des *Pièces originales*.

que le témoigne une inscription contemporaine, publiée à la page 131 du second volume du *XVIe Congrès scientifique* :

Cy-gist le cueur de messire Bertran du Gueaquin en son vivant contestable de France qni trespassa le xiiie jour de jullet l'an mil iiic iiiixx dont son corps repos ovecques ceulx des roys à Sainct-Denys en France.

(1) Le dessinateur de Gaignières n'a pas compris que l'écu de Jeanne était parti de *Laval* et de *Laval-Châtillon* de telle sorte qu'il n'a pas rendu la *bordure besantée* de la partie sénestre.

115. — Porte de Fontaine-Daniel, 1432.

Vitré possède encore de ce sceau deux empreintes de 1384 et de 1390, dont malheureusement il n'existe pas de moulage, et qui ont été publiées par M. l'abbé Pâris-Jallobert dans ses *Notes et Documents sur Vitré* avec certaines incorrections, qui ont absolument défiguré le type de celle de 1390.

Nous terminerons par le dessin de la porte de Fontaine-Daniel, provenant de l'un des volumes de Gaignières, conservés à la bibliothèque d'Oxford ; on y remarque l'écusson en losange de Jeanne de Laval dont la gauche possède la bordure besantée de Châtillon. Une légende, qui ne figure pas sur ce dessin, mais que l'on retrouve au bas d'un autre dessin du même monument absolument informe, était placée sur le linteau immédiatement au-dessous de l'écu :

L'an Ml CCCC XXX DD fist fe ce cuer noble dame
Jehanne de Laval ditte comtesse dame
de Vitré et de Chasteillon. Dieu ly doibt
Sa joie perdurable. Amen.

Le même écu parti de Laval et de Laval-Châtillon figure

116-117. — Sceau et contre-sceau des Contrats de Châtillon.

sur le sceau des Contrats de Châtillon que nous donnons d'après une empreinte appartenant à M. Louis Garnier.

C'est à l'époque de Guy XII qu'appartiennent deux armoriaux célèbres, celui du hérault Gueldre et celui du hérault Navarre.

Le premier a été par M. Bouton, peintre héraldiste, l'objet d'une somptueuse publication, dont il a bien voulu extraire un croquis reproduisant l'écu inachevé du seigneur de

118. — Blason de Laval de l'armorial de Gueldre.

Laval, tel qu'il figure au manuscrit avec la légende : HERE VAN LAVAL.

L'armorial du hérault Navarre (1) énumère le blason de huit membres de la famille de Laval.

Parmi les chevaliers bannerets :

Le sire de Laval ;

Le sire d'Olivet (Jean de Laval-Châtillon), *de Laval à la bordure de sable besantée d'argent.*

(1) Dans sa préface M. Douet d'Arcq, étudiant la liste des princes de la Maison de France qui sont mentionnés dans l'*Armorial* est parvenu à le dater des années 1396-1397. Rien ici ne vient contredire cette attribution.

Jean de Laval, sire d'Olivet, est mort en 1388.

Brumor était décédé dès 1383.

Guy de Passy — qu'il faut évidemment substituer à Jean, décédé longtemps avant — est mort en 1396.

Rases, fils de Béatrix de Gavre décédée le 4 juillet 1315, et qui au dire de Du Chesne « florissait ès années 1340 et 1348 » ne devait plus exister en 1396.

Le personnage désigné sous le nom de Guy de Laval d'Olivet doit être Jean de Laval-Loué qui ne fut pas seigneur d'Olivet mais qui — ainsi que nous l'avons vu en publiant son sceau de 1405 — prit le blason de son oncle, Jean de Châtillon.

Olivet fut apporté aux Laval par Isabelle de Brienne et appartint à son second fils, Guy d'Olivet mort sans postérité. La terre passa au frère aîné André de Laval et fut l'apanage de son fils aîné Jean de Châtillon, puis de Jeanne de Laval, sa fille, mariée à Du Guesclin et à Guy XII.

Parmi les bacheliers figurent :

Briman (Brumor) de Laval-Retz : *de Laval au premier quartier de gueules chargé d'un lion d'argent ;*

Jehan (il faut sans doute lire Guy) de Laval-Passy . *de Laval au premier quartier de gueules chargé de trois lionceaux d'argent ;*

Rases de Laval : *de Laval à une bordure d'argent ;*

Guy de Laval d'Olivet : *de Laval à une bordure de sable besantée d'argent ;*

Jehan de Laval (d'Attichy) : *de Laval à un quartier d'argent chargé d'un lion de sable ;*

Herpin de Laval (d'Attichy) : *de Laval à un quartier d'Erquery (d'argent au lion de gueules)* (1).

Sous les numéros 74-75, nous avons donné les sceaux de la cour de Laval dont la gravure remontait au milieu du XIIIᵉ siècle. Ils étaient encore en usage — nous l'avons

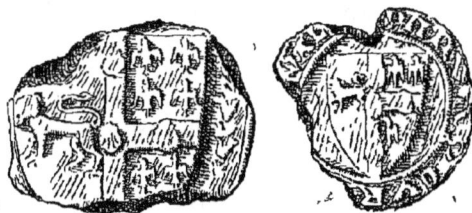

119-120. — Sceau des Contrats de Laval avec le contre-sceau
du XIIIᵉ siècle.

constaté — en 1397, mais dès les premières années du XVᵉ siècle un nouveau sceau fut gravé sans que pour cela le contre-sceau fut changé. Ils figurent ensemble sur une empreinte qui nous a été communiquée par M. Garnier. Nous en donnons le sceau et nous plaçons à côté le dessin du contre-sceau dont une épreuve meilleure nous est four-

(1) Herpin et Jean d'Attichy furent les frères aînés de Bertrand de Laval, dont, sous le numéro 99, nous avons rattaché le sceau à ceux de l'époque de Guy X.

nie par le 2772 de *Normandie* appendu à un acte de 1330
relatif à la déclaration des dîmes de Saint-Berthevin-sur-
Vicoin.

Guy XII et Jeanne de Laval, après avoir eu deux fils qu'ils
virent mourir, ne laissèrent qu'une fille qui fut leur héritière, Anne de Laval.

Pour la seconde fois le fief si important de Laval tombait
en quenouille.

ANNE DE LAVAL ET GUY XIII

1412-1414

Nous venons—de—le dire : le dernier descendant des
Montmorency-Laval était une fille. Comme deux cents ans
auparavant, il fallait choisir une famille dont le rejeton fut
la tête d'une nouvelle branche des seigneurs de Laval.

Plus heureuse qu'Emma, Anne de Laval avait encore ses
parents, et ce fut par leur choix et sous leur autorité que
l'ainé des fils de Raoul VIII de Montfort et de Jeanne de
Kergorlay, Jean de Montfort, reçut avec la main d'Anne le
titre d'héritier présomptif de Laval.

La maison de Montfort avait pour armes *une croix grin-
golée*, anisi qu'on le voit sur le sceau de Raoul VII (2910

121. — Sceau de Raoul VII de Montfort, 1380.

des *Archives*), apposé le 6 avril 1380 à son adhésion au
traité de Guérande. C'est un sceau armorial rond de 0,027

dans lequel « l'écu est penché, timbré d'un heaume à couronne, cimé d'une tête de dragon et supporté par deux lions. »

Ce blason cessa d'être celui de Jean de Montfort. En effet le 22 janvier 1404 dans son contrat de mariage il s'engageait à délaisser son nom, cri, armes et celles de son père. Il « s'obligeait pour lui et ses descendants à porter et prendre à l'avenir le nom, cri et armes de Laval : c'est à savoir : *Guy, sire de Laval* et le cri et pleines armes de Laval et le tymbre ainsi que les portait le sire de Laval, sans rien y ajouter, ni diminuer, tant en bannerets, panons, écussons, tunique, heaume, sceaux, signets, lettres, écritures, contrats, procès, actes judiciaires, couvertures de chevaux armoriés desdites armes qu'en autres choses ».

Il déclara, même solennellement que si l'un de ses héritiers manquait à cette promesse il s'exposait à une amende de cent mille livres parisis au profit par moitié du roi et des Laval-Montjean et perdrait le tiers de ses biens au profit soit de celui des Laval qui le poursuivrait, soit du roi de Sicile, duc d'Anjou ou du duc de Bretagne.

Nous n'avons aucun sceau de Guy XIII postérieur à la mort de Guy XII, mais nous sommes heureux d'en publier un où se montre la complète exécution de ce contrat de mariage. Bourjolly (tome I, p. 282) cite parmi les conditions du contrat une obligation, qui n'est pas relevée par Du Chesne, à savoir « que pendant la vie du sire de Laval le susdit Jean s'appeleroit Guy de Laval, sire de Gavre et porteroit les armes du défunt fils ». Nous trouvons en effet un sceau (5130 de *Clairambault*), apposé le 7 décembre 1411 à une quittance de gages par Guy de Laval, sire de Gavre écuyer banneret. C'est un sceau rond de 0,048. L'écu brisé d'un lambel à trois pendants est penché, soutenu d'un aigle et d'un lion de face, le casque orné de lambrequins avec hermines est sommé d'une tête d'oiseau dans un vol également orné d'hermines; le champ est semé de petits quatrefeuilles et la légende est détruite. Ce Guy de Gavre n'est autre que notre Jean de Montfort époux d'Anne de Laval qua-

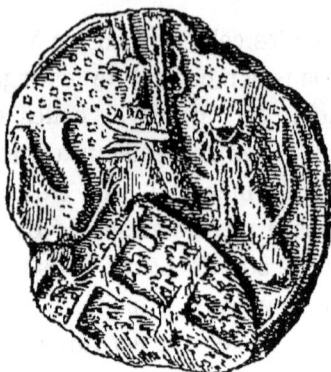

122. — Sceau de Guy XIII, 1411.

lifié du titre de Guy de Gavre, qui avait appartenu au fils de Guy XII tombé dans un puits à Laval, et mort le 25 mars 1404.

Du sceau dont Anne de Laval se servait pendant son veuvage il existe à notre connaissance deux empreintes sur lesquelles figure au centre un écu en losange aux armes de Montmorency-Laval soutenu par un ange assis. La légende est détruite sur l'une comme sur l'autre.

La plus ancienne empreinte est de 1448. M. l'abbé Pâris-

123. — Sceau d'Anne de Laval, 1462.

Jallobert, qui l'a découverte à Vitré, en a publié le dessin dans ses *Notes sur Vitré*. La seconde, celle que nous avons

7

dessinée, est attachée à un reçu donné en 1462 par François de Laval et conservé au folio 70 du registre 1668 des *Pièces originales*. Bien que François dans l'acte en question dise que le sceau apposé est le sien nous n'hésitons pas à le restituer à sa grand'mère : l'écu en losange était en effet exclusivement employé par les veuves ou les filles nobles ; d'ailleurs l'empreinte de 1462 est évidemment produite par la même matrice que celle de 1448.

Guy XIII, devenu sire de Laval par la mort de son beau-père, le 21 avril 1412, mourut à Rhodes, le 12 août 1414. Anne de Laval, sa femme, lui survécut de longues années et ne mourut que le 28 janvier 1465.

Outre Guy XIV, leur successeur, Guy XIII et Anne de Laval eurent plusieurs enfants :

André de Laval-Lohéac.

Louis de Laval-Châtillon.

Deux filles.

On sait quel rôle important fut joué en France par le maréchal de Lohéac ; nous n'avons pas à y revenir, nous

124. — Sceau d'André de Lohéac, 1474.

nous contentons de publier un beau sceau (5125 de *Clai-*

rambault) apposé par lui le 30 décembre 1474 à l'acte de foi et hommage-lige d'André de Chourses, sceau rond finement gravé. L'écu penché, brisé d'un lambel à trois pendants est supporté par deux lions posés sur une terrasse ondulée. Le casque de profil, orné de ses lambrequins est sommé d'un lion assis dans un vol. De la légende on lit encore : SEEL ANDRÉ DE [L]AVAL SIRE [.....*maré*]CHAL DE [*France*].

André mourut à Laval, en l'hôtel de Montjean, le 14 décembre 1485.

Nous possédons deux sceaux de Louis de Laval-Châtillon: le premier porte un écu aux armes de Laval, brisé par une bordure, soutenu de deux lions de profil placés debout, et sommé d'un casque à tortil avec lambrequins très maigres. Le cimier est un lion assis dans un vol d'hermines, le fond de l'écu a été garni de hachures diagonales pour

125-126. — Sceaux de Louis de Châtillon, 1458, 1465, 1468.

faire ressortir l'écu. On lit tout autour : S. LOUIS DE [*La*]VAL SIRE DE CHATILON. Une rose termine la légende.

Il existe deux empreintes de ce sceau, l'une du 1er juin 1458 (5134 de *Clairambault*) et l'autre du 17 juin 1465 (266 des *Archives*).

Le second sceau est fort curieux. En 1466 Louis de Châtillon avait été pourvu de l'important office de grand maître enquêteur et réformateur des eaux et forêts de France ; en cette qualité, en mars 1468, il fit la nomination d'un sergent des bois de Bouligny. Sur l'empreinte du sceau qui y est appendu (2134 de *Normandie*) on remarque que le blason de Laval est brisé d'une bordure besantée. L'écu est attaché par sa courroie à un arbre dans une forêt et appuyé sur le sol ondulé. De chaque côté on voit les lettres N. P. il ne paraît pas y avoir eu d'autre légende.

Nous n'avons rien à mentionner qui soit relatif à la plus jeune des filles, Catherine dame de Chauvigny et de Châteauroux.

L'aînée, Jeanne, devint le 24 août 1424, la seconde femme de Louis de Bourbon (1), comte de Vendôme, veuf de Jeanne de Roucy. Elle figure avec son mari dans la neuvième

127. — Sceau de Louis de Bourbon-Vendôme. 1425.

verrière de la chapelle royale de Champigny (2). Nous donnons le sceau de Louis de Vendôme (996 des *Archives*). L'écu écartelé de France et de Vendôme est brisé d'une bande chargée de trois lionceaux ; il est placé dans un encadrement trilobé. On ne lit plus de la légende que :

.....ILL...

Nous plaçons à côté de ce sceau celui des Contrats de Longuefuye dont la matrice originale fait partie de la collec-

(1) Voir l'abbé Simon *Histoire de Vendôme* (3 vol. in-8°, Vendôme, 1834-1835), tome I, p. 223-238.

(2) Champigny-sur-Veude (Indre-et-Loire). Voir dans les *Mémoires de la Société de Touraine*, tome V, p. 82-88, la description par M. l'abbé Bourrassé de la Sainte-Chapelle et de ses douze belles verrières.

tion de M. Paul de Farcy et qui a été publié par lui en 1878 dans le compte-rendu du *Congrès archéologique.*

128. — Sceau des Contrats de Longuefuye.

Il porte un écu mi-parti de Bourbon-Vendôme et de Montmorency-Laval. Il date incontestablement de 1433, époque où, par la mort de Jeanne de Laval, Louis de Bourbon devint seigneur de Longuefuye. Il servait encore un siècle après avec un contre-sceau semblable mais plus petit. M. de Farcy en possède une empreinte appendue à un contrat de 1523.

GUY XIV

1414-1486

Du 12 août 1414, date de la mort de Guy XIII, à la fin d'août 1486, époque où mourut Guy XIV, il s'écoula soixante-douze ans qui furent marqués par deux actes importants pour la famille de Laval : à Reims pendant les fêtes de son sacre, Charles VII érigea la terre de Laval en comté ; plus tard, le 2 janvier 1464 (n. s.), Monsieur de Laval, ses enfants et successeurs furent autorisés, en dérogation aux engagements pris lors du contrat d'Anne de Laval avec Jean de Montfort, à porter d'autres armes que celles de Montmorency-Laval (1). Il ne nous est pas possible

(1) La décision du conseil du roi est conservée dans les archives de M. le duc de la Trémoille où M. l'abbé Ledru l'a découverte. Elle a été imprimée dans Bourjolly, t. I, p 402.

d'étudier les conséquences de ces deux actes sur les sceaux de Guy XIV, car aucune empreinte ne nous en est connue ; nous serons plus heureux pour Guy XV.

Guy XIV était bien jeune lors du décès de son père en 1414 ; son grand-père paternel, Raoul VIII de Montfort, vivait encore et disputa la garde noble de ses petits-enfants à sa belle-fille : Anne de Laval eut gain de cause. Dès octobre 1419 celle-ci passa avec Jean V de Bretagne un contrat aux termes duquel Guy XIV devait épouser Marguerite de Bretagne, seconde fille de Jean V et de Jeanne de France ; en cas de décès de Marguerite, on lui promettait la main d'Isabeau, fille aînée du duc, bien que dès le 3 juillet 1417 elle eut été fiancée à Louis III d'Anjou (1). Marguerite mourut en juin 1420 (2) et Guy XIV épousa Isabeau le 1er novembre 1430.

(1) Cet engagement aurait été renouvelé cependant en octobre 1424, selon M. Lecoy de la Marche dans *le roi René*, t. I, p. 43. Louis III ne se maria qu'apres Guy XIV; le 22 juillet 1431 il épousa Marguerite-de Savoie.

(2) On lit dans le journal de Vitré du 5 novembre 1859 :

« En démolissant l'antique église de la Madeleine de Vitré, on vient de découvrir sous une voûte pratiquée dans l'épaisseur de la muraille nord du chœur et bouchée par une maçonnerie rapportée, un certain nombre de blocs et tables de pierre sculptés qui ne sont pas sans intérêt. Sur 5 de ces tables hautes de 0.70c et longues (ensemble) de 4 à 5 mètres, sont taillées en bas-relief 14 figures d'apôtres et de saints encadrées chacune dans une arcature en accolade garnie de choux et de crochets dans le genre gothique. Deux autres tables à peu près de la même hauteur présentent aussi en bas-relief, l'une, les armes de la maison de Laval (anciens barons de Vitré) soutenues par deux anges et surmontées d'un heaume ou casque à cimier ; l'autre, l'apparition de N. S. à la Madeleine après sa résurrection. Mais ces deux bas-reliefs se distinguent des autres en ce qu'ils ne sont pas accompagnés d'arcatures. On a trouvé en même temps et au même lieu un beau dais gothique de pierre sculpté à jour et plusieurs fragments plus ou moins endommagés d'une statue de femme dont la tête, le torse, les draperies quoique fort mutilées, accusent une grande élégance et un beau travail.

» Tous ces fragments de sculpture, dais, bas-reliefs, statue, semblent avoir fait partie d'un même monument et appartiennent visiblement

Voici les sceaux de son beau-père :

Le premier (555 des *Archives*) est un signet de 0,012 sans légende, qui porte un petit lion emmantelé d'hermines. L'empreinte est du 21 juillet 1407. Nous avons un second

à la même époque c'est-à-dire au XVᵉ et plutôt au commencement de ce siècle qu'à la fin. On ne peut douter qu'ils n'aient été renfermés dans cette cachette pendant la révolution de 1792, quand l'abolition du culte catholique entraîna la destruction des monuments extérieurs (et des tombeaux de l'église de la Madeleine). Et sans doute les mains qui célèrent ainsi entre deux murailles ces débris artistiques avaient pour but de les soustraire à un complet anéantissement.

» Mais de quelle sorte de monument proviennent-ils ? On ne peut hésiter qu'entre un tombeau et une table d'autel gothique. Toutefois, on ne conçoit pas quelle place le blason de Laval aurait occupé dans un autel, surtout avec le développement très considérable que le sculpteur lui a donné. La statue d'ailleurs, à juger par ce qui en reste, pouvait tout aussi bien être couchée que debout et l'on sait qu'il était d'usage au Moyen-Age de placer au-dessus des effigies funéraires de ces dais de pierre sculptée, semblables à celui dont j'ai parlé. Nous en voyons à Vitré un notable exemple au tombeau de Robert de Gras-mesnil dans la chapelle de l'hopital Saint-Nicolas. Quant aux bas-reliefs à arcatures, ils auraient garni les 2 côtés longs du tombeau, et les 2 bas-reliefs sans arcatures les 2 petits côtés.

» Seulement il est évident que la femme enterrée sous un pareil monument, devait être du 1ᵉʳ rang, une comtesse de Laval, ou quelque membre d'une maison souveraine. Il s'agit donc de savoir si, dans le commencement du XVᵘ siecle, quelque haute et puissante dame a été inhumée à la Madeleine. Or, c'est ce qui eut lieu en effet pour Marguerite de Bretagne, fille du duc de Bretagne Jean V, promise en mariage à Guy XIV de Laval et morte au château de Vitré avant les noces, au mois de juin 1420 (encore fort jeune, son mari futur avait 14 ans). Le Baud *Chronique de Vitré,* chap. 71-72. Deux circonstances me confirment dans l'idée que les fragments sculptés dont nous parlons, proviennent du tombeau de cette princesse. La première, c'est qu'avec ce fragment, on a aussi découvert une pierre portant un écu en losange écartelé des armes de Laval et de celles de Bretagne qui étaient nécessairement celles de la fiancée de Guy XIV. La deuxième, c'est que dans une notice historique manuscrite sur la Madeleine, composée vers la fin du XVIIᵉ siècle et conservée présentement aux archives d'Ille-et-Vilaine, on dit qu'il y avait dans le chœur de cette église, deux tombeaux relevés, c'est-à-dire s'élevant de deux à trois pieds au-dessus du sol, savoir celui d'André II de Vitré, mort en 1210 ou 1211, celui de Guy X de Laval, mort en 1347, et enfin, un autre aussi relevé dans le sanctuaire, devant et auprès des fenêtres de la

signet, appendu le 16 septembre 1408 (556 des *Archives*), portant un dragon couché au pied d'un arbre avec les lettres ᴓ ᴕ dans le champ.

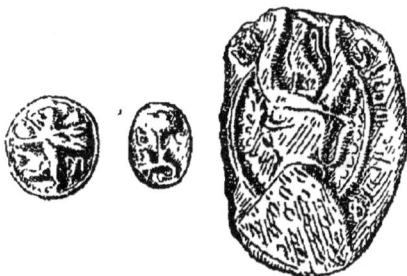

129-130-131. — Signets et sceau secret de Jean V de Bretagne, 1407, 1408, 1409.

Le sceau secret du prince se trouve à une cédule datée

chapelle de Sainte-Marthe, qui est d'une comtesse de Laval, dont il n'est pas possible de lire le nom ni le temps de la mort, tant l'écriture qui y étoit gravée anciennement est effacée. Puisqu'on ne pouvait lire le nom, ce pouvait aussi bien être la fiancée que la femme d'un comte de Laval. Quant à la chapelle Sainte-Marthe, elle était placée en saillie au nord du chœur dont elle se trouvait ainsi séparée par une muraille percée seulement de quelques ouvertures en forme de fenêtres au devant desquelles s'élevait le tombeau de femme dont parle notre notice. Or, c'est précisément dans le mur nord du chœur et près de la chapelle Sainte-Marthe que les fragments de sculpture ci-dessus décrits, ont été découverts. Il y a donc tout lieu d'y voir les débris du monument qui recouvrait les restes de Marguerite de Bretagne, fille de Jean V, morte en 1420.

» Ne serait-il pas à propos de rendre à une destination religieuse les mieux conservés de ces fragments qui figureraient très bien, par exemple, dans un autel gothique ? C'est une simple question que nous formulons ». A. DE LA BORDERIE.

—Ces débris furent portés à Rennes chez M. Hérault, sculpteur, où ils restèrent plusieurs années. On rapporta au musée de Vitré les deux extrémités et cinq fragments de statues dans les arcatures ainsi que le dais. Un autre morceau, composé de six arcatures, sert actuellement de devant d'autel dans l'une des chapelles de l'église N.-Dame. Les fragments de la statue ont disparu....

Il convient de rapprocher ces sculptures de celles du tombeau de Guy XII et de Jeanne de Laval, dans l'abbaye de Clermont ; elles sont certainement du même artiste.

de Vannes, 4 juin 1409 (553 des *Archives*). Il est ovale, l'écu d'hermines sans nombre est penché, timbré d'un heaume à deux cornes et un lion assis, la légende portait, s. SECRET. IOH... [*Britan*]NIE....

Un autre sceau secret plus grand est appendu à une promesse de servir le roi contre les Anglais (554 des *Archives*) Saumur, 7 octobre 1425. L'écu à dix hermines 4, 3, 2 et 1,

132-133. — Sceaux de Jean V de Bretagne, 1425, 1440.

est sommé d'un casque avec cornes et lion à queue fourchue. Le champ est treillissé avec quatrefeuilles, on lit encore de la légende... MOTI...

Le dernier est un sceau, dit de majesté, malheureusement très fruste, (Nº 552, *Archives)* du 6 mars 1440. Le duc vu de face, assis sur un pliant à *x* tient de la droite son épée, de la gauche, il s'appuye sur l'écu de Bretagne, les pieds sont posés sur un lion couché. Il est placé sous une tente dont les rideaux sont d'hermine, de chaque côté on voit une hermine courante. Ce sceau a été publié aussi sous le numéro C L XXVII par Dom Lobineau. On y voit les deux hermines tenant une banderolle avec ces mots : *à ma vie,* la légende porte : ✝ JEHAN DUC DE BRETAIGNE COMTE DE RICHEMONT ET DE MONTFORT. S. Au lieu de lui donner 0,07 le dessinateur lui a donné 0,09.

On trouve encore dans Dom Lobineau (numéro C LXXX) le dessin d'un sceau secret de Jean V, différent de ceux des *Archives,* avec cette date 1402; en outre un sceau de majesté du même duc, daté de 1408 et représentant le duc assis sur une « chaere » et qui porte le numéro C LXXXIV.

Isabeau de Bretagne mourut le 14 janvier 1443 (v. s.) après avoir eu dix enfants ; elle fut ensevelie dans l'église des Jacobins de Nantes.

Nous avons un sceau de Pierre de Laval, qui, né à Montfort le 17 juillet 1441, fut abbé de Saint-Aubin d'Angers, évêque de Saint-Brieuc et de Saint-Malo, devint le soixante-quatorzième archevêque de Reims et mourut le 14 août 1493. Nous le donnons d'après une empreinte (5928 *de Flandre*) appendue le 5 janvier 1482 à la ratification du traité d'Arras.

Ce sceau, très bien gravé, porte les armes du prélat soutenues par les serres d'une aigle aux ailes éployées. La croix épiscopale surmonte la tête de l'aigle, et des fleurettes remplissent les vides du champ ; le contre-sceau en est la réduction, seulement l'aigle a une couronne passée au cou. La légende du sceau est : S. PETRI : DE. LAVAL. AR....... S. REM...... MEMBRI.... Celle du contre-sceau : CONTRA S. PETRI DE LAVAL ARCHIEPI. DUCIS REMENSIS. Le blason qui est le même sur le sceau et le contre-sceau est le suivant : écartelé : au premier de France, au deuxième et troisième de Laval-Montmorency, au quatrième *de France au bâton componé d'argent et de gueules péri en bande* qui est d'Evreux et sur le tout de Vitré. Ce blason que nous rencontrons pour la première fois est celui qui fut adopté par

134-135. — Sceau et contre-sceau de Pierre de Laval, 1482.

les Montfort-Laval. Nous le verrons figurer sur les sceaux de Guy XV.

Nous plaçons à côté de ce sceau le dessin de la plaque de cuivre qui recouvrait la tombe du prélat dans son église abbatiale de Saint-Aubin à Angers. On y lit : Hic jacet reverendissimus in Christo pater et domns Petrus, filius domini comitis Savallensis, Dei gratia archiepiscopus et dux Remensis, primus par Francie, sancte sedis apostolice legatus natus, episcopatus Macloviensis et presentis monasterii nec non monasterii beati Nicholay prope muros hujus civitatis ac sancti Merentii de Gadello dicti Macloviensis diocesi commendatarius perpetuus, qui obiit decima quarta mensis Augusti anno domini millesimo quadringentesimo nonagesimo tercio. Cujus anima in pace requiescat. Il faut remarquer que sur le blason, le quatrième quartier ne porte pas le bâton componé, qui figure sur le sceau que nous venons de donner, et qui appartenait effectivement au blason des Montfort-Laval.

136. — Tombe de Pierre de Laval, 1493.

Jeanne, troisième enfant de Guy XIV, née à Auray le 2 novembre 1433, épousa en 1454 le fameux roi René d'Anjou dont elle fut la seconde femme et mourut sans enfant en 1498.

Bien que la sigillographie du roi René soit fort riche, qu'elle soit assez importante pour former à elle seule un travail isolé, nous n'avons cependant pas voulu écarter de notre publication les sceaux d'un prince qui portait le titre de comte du Maine.

René d'Anjou, né à Angers le 16 janvier 1409 (n. s.) était le second fils de Louis II et de Yolande d'Aragon. Notre

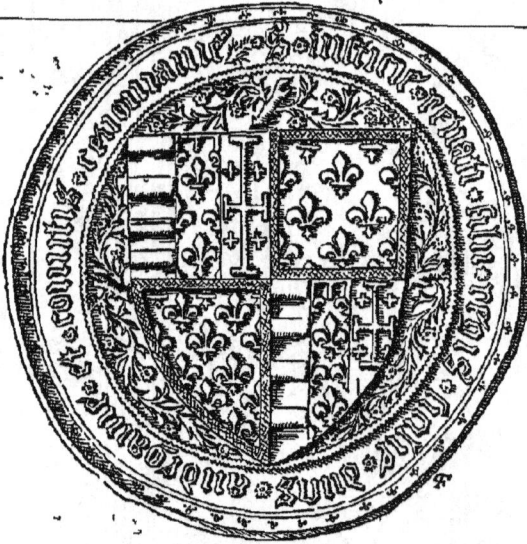

137. — Sceau de la justice du roi René.

premier sceau appartient à sa minorité, à l'époque où par le décès de son père, advenu le 29 avril 1417, il se trouvait seigneur de Guise, Chailly et Longjumeau, et avant celle où la donation du cardinal Louis de Bar le fit marquis de Pont-à-Mousson. Ce sceau qui porte le numéro 50 du *catalogue*

des sceaux matrices de M. Eugène Hucher (1) nous a été
communiqué par son propriétaire. C'est un sceau rond de
0,073 que nous donnons un peu réduit dans ses dimensions.
Il porte un écu écartelé au 1 et 4 d'un tiercé de *Jérusalem,
Anjou ancien* et *Hongrie* au 2 et 3 *d'Anjou moderne*. L'écu
est entouré de branchages élégants ; des fleurs de lis occu-
pent le biseau de la bordure. La légende en minuscule
gothique porte : S. JUSTICIE RENATI FILII REGIS SICILIE,
DUCIS ANDEGAVIE ET COMITIS CENOMANIE. Chacun de ces
mots est séparé par une rose.

Notre second sceau est appendu à un accord du 19 septembre 1424, passé entre le duc de Bar et la ville de Verdun,

138-139. — Sceau et contre-sceau du roi René, 1424.

(1) Ce catalogue, extrait du *Bulletin monumental,* 1863, contient la
description de 140 matrices, dont les moulages ne figurent pas aux
inventaires de la collection des *Archives.*

(809 des *Archives*). Il est malheureusement en mauvais état ; il représentait le duc de Bar à cheval, revêtu de sa cotte de mailles ; la housse du cheval ne porte d'armoiries que dans la partie qui recouvrait le corps, le champ treillissé est orné des lettres ʀ et ʏ sous une couronne, qui sont les initiales du roi René et d'Isabelle de Lorraine sa première femme. On lit encore sur la légende : ᴀɢɴᴜᴍ.... ʙᴀʀʀᴇɴꜱɪꜱ, ᴍᴀʀᴄʜɪ..... ᴘᴏɴ. Le contre-sceau dans un quadrilobe contient l'écu écartelé au 1 et 4 d'*Anjou ancien*, au 2 et 3 de *Bar* avec l'écusson de *Lorraine* en abime. Il porte pour légende : + ᴄᴏɴᴛʀᴀꜱɪɢɪʟʟᴜᴍ ʀᴇɴᴀᴛɪ ᴅᴜᴄɪꜱ ʙᴀʀʀᴇɴ. ᴍ.... ꜱ.... ᴄᴏᴍɪᴛɪꜱ ɢᴜɪꜱɪᴇ.

Le troisième et le quatrième (810 et 811 des *Archives*) sont datés de 1429 et de 1431 ; ils diffèrent peu l'un de

140-141. — Sceaux du roi René, 1429, 1431.

l'autre : tous deux nous présentent la même disposition : un écu portant le blason, que nous venons de décrire, penché, supporté d'un lion et d'une aigle et timbré d'un heaume à cimier formé d'une fleur de lis à double branche. Le lion qui est à droite sur la figure 140, est à gauche sur la figure 141. La légende du 140 est la suivante : ꜱᴇᴄʀᴇᴛᴜ ʀᴇɴᴀᴛɪ ᴅᴜᴄɪꜱ ʙᴀʀʀᴇɴꜱɪꜱ ᴍᴀʀᴄʜɪᴏɴɪꜱ ᴘᴏɴᴛɪꜱ ᴄᴏᴍɪᴛɪꜱ ɢᴜɪꜱɪᴇ. Sur le 141 on ne lit plus que ᴄᴏᴍɪᴛɪꜱ ɢᴜɪꜱɪᴇ. Ce sceau a été publié sous le numéro 3 de la planche XXII du volume des sceaux du *Trésor de Numismatique et de Glyptique.*

La mort de son frère aîné Louis III (12 novembre 1434) et le testament de Jeanne de Sicile, morte aussi le 2 février

142-143. — Sceaux du roi René, 1436, 1437.

1434, firent René duc d'Anjou, comte de Provence et roi de Sicile. Notre cinquième sceau porte sur son écu le blason de ces nouveaux domaines. Nous l'empruntons à l'ouvrage de M. Blancard *Les Sceaux des Bouches-du-Rhône* (pl. xx). L'empreinte date du 31 janvier 1437 (1) dans le champ un écu couronné, supporté par deux aigles et divisé en six quartiers : au premier, *fascé de huit pièces* qui est de Hongrie, au deuxième *des fleurs de lis sans nombre chargées d'un lambel à trois pendants*, qui est de Provence-Sicile, au troisième de Jérusalem, au quatrième d'Anjou, au cinquième de Bar et au sixième de Lorraine. De la couronne sort un manteau royal passant derrière l'écu. Il n'a pas de légende. Mais à la planche 107 de sa *Généalogie des comtes de Flandre*, de Vrée a publié ce même sceau d'après un exemplaire complet où il a lu : ✝ 'RENATI DEI GRA. IHRLM CICIL. REG. ANDEGAVIE BARRI ET LOTH. DUCIS COM. PROVINCIE ETC. Cette légende figure aussi sur une empreinte (46 des sceaux de *Flandre*) qui nous montre ce sceau employé comme le second des contre-sceaux apposés par le roi René le 4 février 1436 à l'obligation qu'il contractait alors de payer au duc de Bourgogne 400,000 écus d'or pour sa rançon.

Le sixième (planche xxi des *Bouches-du-Rhône*), dont l'emploi de 1438 à 1443 a été constaté par M. Blancard est sans doute le même que celui qui fut apposé le 4 février 1436 sur l'obligation dont nous venons de parler.

Ce sceau, qui ne mesure pas moins de 0,13 de diamètre, et que nous avons dû réduire aux deux tiers pour le faire entrer dans notre texte, peut être considéré comme un des plus beaux de cette époque : « Le roi couronné est assis, de face, au devant d'une tenture de fleurs de lis, sur un trône supporté par deux lions. Il est revêtu des insignes de majesté et tient de la main droite le sceptre fleurdelisé, de

(1) Aux archives des Bouches-du-Rhône il n'existe de ce sceau que cette seule empreinte. Elle est en si mauvais état que M. Blancard a cru voir deux dauphins dans ce qui forme le haut du manteau.

la gauche, le globe crucifère, sous ses pieds deux petits
animaux, un loup et un agneau. De chaque côté du roi se
trouve un écu; celui de droite est parti des six blasons que
le roi René portait à cette époque ; celui de gauche porte

144. — Sceau du roi René, 1438-1443.

une croix à deux traverses plantée sur un mont qui est
Hongrie ancien.

« Au revers, le roi est de profil à droite sur un cheval
au galop. Il est armé de toutes pièces. Son heaume est couronné et surmonté d'une fleur de lis. Un manteau flotte sur

sa cuirasse. Il tient de sa main droite l'épée levée, de la gauche l'écu. Le caparaçon antérieur du cheval est fleurdelisé comme le champ du sceau ; sur la croupe, il est armorié comme l'écu de la dextre du roi ».

145. — Contre-sceau du roi René, 1438-1443.

La légende qui se poursuit au contre-sceau est : + RENATUS. DEI. GRATIA. HUMGARIE. IERUSALEM. ET. SICILIE. REX. ANDEGAVIE. BARRI. ET. LOT. [*haringie*] + DUX. MARCHIO. PONTIS. [*pro*]VINCIE. FOLCALQUERII. CENOMANIE. AC. PEDIMONTIS. COMES.

René a usé de plusieurs sceaux de majesté semblables les uns aux autres, mais chez lesquels un examen attentif fait reconnaître de sensibles différences. Le sceau que nous venons de décrire n'est certainement pas le même que celui qui est publié par nous sous le numéro 147. Ce n'est pas lui non plus qui figure au folio 106 de de Vrée et qui porte les numéros 4 et 5 de la planche XXII du *Trésor de Numismatique*. Nous en trouvons un différent à la page 267 de l'*Histoire de Marseille* de Ruffi.

146. — Sceau du roi René, 1448.

Sur le septième (planche XX des *Bouches-du-Rhône*) nous retrouvons le même blason sur un écu accosté de deux branches fleuries. Ce sceau, dont l'empreinte est du 15 juillet 1448, porte pour légende : [*s Renati : pri*]MI REGIS HIRLM

147-148. — Sceau et contre-sceau du roi René, 1452.

[*Sic. dux*] ANDEGAVI[*e Barri et*] LOTHARINGIE COM[*itis*]
PVICIE ET CENOM[*anie*].

Le huitième, apposé le 26 mars 1452, (*Archives* 11781) est
une variété du sixième.

Du neuvième (*Archives* 11783 et planche XX des *Bouches-du-Rhône*), nous pouvons constater l'emploi depuis le 20

149. — Sceau du roi René, 1465-1472.

novembre 1461 jusqu'en 1472, nous donnons à la fois le
dessin de l'album des *Bouches-du-Rhône*, figure 149, et
celui de l'exemplaire des *Archives*, figures 150-151.

L'écu couronné et accosté de deux rameaux écotés, ne
porte plus que cinq quartiers, celui de Lorraine n'y figure
pas. En effet, à la suite du décès de sa première femme
Isabelle de Lorraine, advenu le 28 février 1453, René d'An-

jou remit cette province, par acte du 26 mars 1453, à son fils aîné. A partir de cette date le blason de Lorraine n'a plus place dans ses armes.

L'empreinte des *Archives* est pourvue d'un contre-sceau rond et qui figure au fol. 107 de de Vrée comme contre-

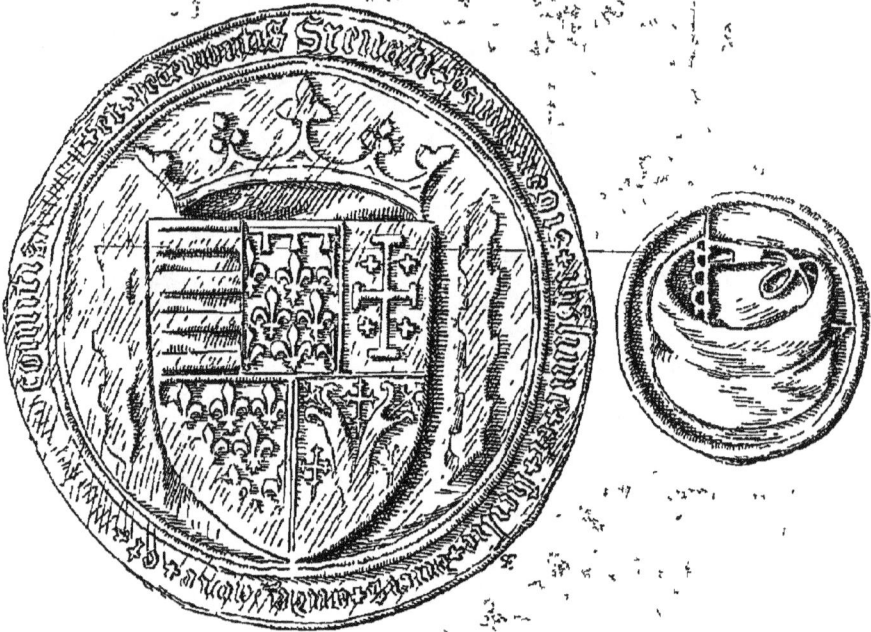

150-151. — Sceau et contre-sceau du roi René, 1461

sceau d'un sceau de la justice du roi René ; il semble porter une voile de navire gonflée par le vent. La légende du sceau est : S + RENATI + PRIMI + IHRLM + ET + SICILLE + DUCIS + ANDEGAVIE + ET + BARI + COMITIS + PVICIE + FORC + ET PEDIMONTIS.

Le dixième (11782 des *Archives*) ne nous est connu que par une empreinte du 20 mars 1462 (n. s.). Ce sceau inspiré par l'école artistique allemande nous montre les cinq blasons du roi divisés en trois écus posés 1 et 2. Celui du haut contient Hongrie, Sicile et Jérusalem, ceux du bas Anjou et Bar. Ils sont tous deux surmontés d'un casque orné comme cimier, l'un d'une fleur de lis, l'autre d'un plumet entre deux cornes.

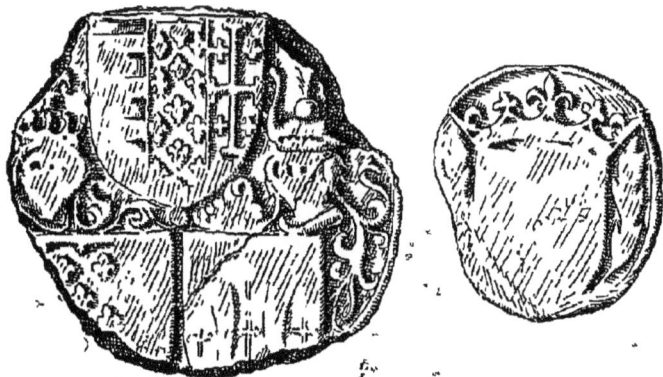

152-153. — Sceau et contre-sceau du roi René, 1462.

Le contre-sceau très fruste ne laisse plus distinguer que la couronne fleurdelisée et les palmes qui accompagnaient l'écu.

Notre onzième sceau (planche xx des *Bouches-du-Rhône*) et notre douzième (11784 des *Archives*), ne proviennent pas de la même matrice, mais ils possèdent beaucoup de points de ressemblance. Aux cinq blasons du roi René, un sixième est venu se joindre en octobre 1466, par suite de son acceptation à cette date de la couronne d'Aragon. Le contre-sceau présente un heaume de face, grillé, couronné, à la fleur de lis pour cimier et à deux lambrequins en forme d'ailes de dragon, accosté de deux IR (Jérusalem). De la couronne pend derrière le casque le manteau royal fleurdelisé. Entre les ailes on voit la croix de Lorraine à double croisillon.

La légende est écrite avec un alphabet où l'influence italienne se fait sentir, elle se continue du sceau au contre-sceau : RENATUS IHERUSALEM SICILIE ARRAGONUM VALENCIE

154-155. — Sceau et contre-sceau du roi René, 1468-1474.

ETC. REX. ANDEGAVIE ET BAR DUX, BARCIE PROVINCIE ET F. COMES.

156-157. — Sceau et contre-sceau du roi René, 1480.

Les archives des Bouches-du-Rhône en possèdent cinq exemplaires des années 1468 à 1474 ; l'empreinte des Archives Nationales est du 3 juin 1480.

Notre treizième et dernier sceau du roi René consiste en une matrice en acier conservée aux archives nationales. C'est une de ses empreintes qui a été publiée à la page 1125 du tome II des *Monuments inédits sur l'apostolat de Marie-Madeleine en Provence ;* M. l'abbé Faillon ne dit pas à que[l]

158. — Sceau du roi René.

document elle était attachée. Cette matrice ressemble singulièrement aux sceaux publiés par nous sous les numéros 154 et 156. Un examen attentif permet d'établir cependant que chacun d'eux est une œuvre différente.

Afin de ne rien négliger, nous mentionnerons à la planche 107 de de Vrée un sceau dont l'écu a pour support deux

oiseaux et dont la légende est : s. REGIS IHRLM ET SICILIE
ORDINATUM BARRI ET LOTHARINGIE. Dans Ruffi, *Histoire de
la ville de Marseille*, p. 266, un sceau portant un écu couronné, chargé de trois fleurs de lis avec un lambel et pour
légende RENATUS DEI GRATIA IERUSALEM ET SICILIE REX.
Le contre-sceau donné aux errata, p. 496, contient quatre
blasons ronds et la fin de la légende ANDEGAVIE ET BARRI
DUX PROV. ET FORQ. COMES.

Dans l'*Histoire de Lorraine* de dom Calmet, les numéros
XXIII et XXIV des planches du tome III représentent un sceau
et contre-sceau de René, l'écu couronné est aux trois fleurs
de lis chargées d'un lambel ; le contre-sceau contient quatre
blasons ronds ; la légende est : RENATUS : [R]EX : SICILIA :
LILIIS : CORONATUS ANDEGAVIE BARRI DUX ET PROVINCIE
COMES.

Comme on le voit, notre moisson est abondante (1); il nous
reste cependant à donner place au sceau de Jeanne de
Laval dans lequel sont réunis le blason du roi René et le sien.

Sa publication apporte une précieuse confirmation à ce
que M. Hucher et M. le duc de Chaulnes ont dit au sujet
des blasons des vitraux de Sablé dans la *Revue du Maine*,
tome VI, p. 127 et 284. C'est bien le blason de Jeanne de
Laval et celui de Guy XV, son frère, qui figurent dans le
vitrail de l'église de Sablé, placé dans l'abside du côté de
l'épître. Nous ferons remarquer que l'autorisation de modi-
fier le blason de Montmorency-Laval fut donnée en 1464 à
Guy XIV et non à Guy XV et que le blason que Jeanne portait ainsi que son frère Pierre lui venait de son père.

(1) Dans l'*Inventaire des sceaux de la Haute-Marne (Revue nobiliaire*,
X, 481-503), on trouve sous le n° 41 cette mention : René d'Anjou, roi
de Sicile et de Jérusalem, 1503. Ce sceau n'aurait pas dû prendre place
au nombre de ceux des *souverains étrangers* ; en effet, il appartient
non pas au roi René, mais à son petit-fils. Il devait donc figurer parmi
les sceaux des *grands feudataires*, à côté du numéro 71 qui désigne
une empreinte de 1490 de celui de René II, comte de Vaudémont et
duc de Bar.

159-160. — Sceau et contre-sceau de Jeanne de Laval.

161. — Tombe de Jeanne de Laval.

Jeanne devint veuve le 14 juillet 1488, elle mourut à Beaufort le 10 septembre 1498. Nous donnons sa tombe de l'église Saint-Maurice d'Angers, telle qu'elle nous a été conservée par deux dessins, l'un de Gaignières, l'autre de Bruneau de Tartifume et nous renvoyons pour les monuments qui nous ont conservé ses traits, au beau travail de M. Eugène Hucher *Iconographie du roi René* où on trouve sa médaille de 1461 par Laurana, les médailles de Pietro da Milano de 1462 et de Laurana de 1463, où son buste est réuni à celui de son mari, ainsi que ses portraits du diptyque de M. Chazaud et du triptyque d'Aix.

A côté des sceaux de Guy XIV nous placerons ceux de son cousin et compagnon d'armes, le maréchal de Retz. Gilles était l'arrière-petit-fils de ce Foulques de Laval dont, sous le numéro 99, nous avons donné le sceau et que nous avons vu en 1336 épouser Jeanne Chabot, héritière déshéritée de la seigneurie de Retz; il était le fils de Guy II, devenu seigneur de Retz par l'adoption de sa tante Jeanne-la-Sage.

Les Chabot portaient : *d'or à trois chabots* (poissons à grosse tête) *de gueules*. La branche de Retz y avait ajouté comme brisure un lambel à trois pendants. Tel est en effet le blason qui figure, d'après une empreinte de janvier 1267, à la page 295 du *Cartulaire de la Couture* sur le sceau de Gérard Chabot II de Retz, seigneur de Château-Gontier par sa femme Emma, issue de Jacques de Château-Gontier et d'Avoise de Montmorency, la fille d'Emma de Laval (1). En

(1) Aux sources relatives à l'histoire des seigneurs de Retz, indiquées dans Bourjolly (I, 232), il convient d'ajouter le volume publié en 1886 par M. L. Sandret : *Histoire généalogique de la maison de Chabot* (Nantes, 379 p. in-4°, tiré à cent exemplaires). Un judicieux emploi du *Cartulaire des sires de Rays*, dont la *Table analytique* a été publiée par M. Marchegay dans la troisième année, 1855-1856, de la *Revue des Provinces de l'Ouest*, a permis à l'auteur de préciser mieux que ne l'avaient fait du Paz et M. l'abbé Bossard, les péripéties qui ont amené l'héritage des Gérard-Chabot dans le patrimoine des descendants de Foulques de Laval. A la page 82 nous remarquons que Catherine de

acceptant, le 29 septembre 1401, l'adoption de Jeanne Chabot, Guy II s'était engagé à prendre le nom et les armes de Retz. ,

. Le fit-il ? Nous ne saurions le dire ; mais ce ne sont pas elles qui figurent sur un sceau dont la matrice faisait partie de la collection Dongé et que nous reproduisons ici « le champ, encadré d'une bordure à tiers points fleuronnés, contient un écu couché, chargé d'une croix et surmonté

162. — Sceau de Gilles de Laval-Retz.

d'un heaume de profil, sommé d'une tête de cygne entre deux ailes, le tout soutenu par deux cygnes ». On lit sur la légende : SEEL. POUR. SAUF : CODUIT : DE. GILLES : SIRE : DE : RAYS : ET : DE : POUCAUGES.

Un document, révélé par M. Marchegay et cité par M. l'abbé Bossard (p. 43), nous apprend qu'en septembre 1429, par lettres patentes données à Sully - sur - Loire,

Laval, belle-fille de Gérard III et mère de Gérard IV, est qualifiée de *fille* de Foulques de Laval, alors qu'elle était sa *sœur*, fille comme lui, de Guy IX et de Béatrix de Gavre.

Charles VII ajoutait au blason de Gilles « une orleure des armes de France en laquelle aura fleurs de liz d'or semées sur champ d'azur ». Le sceau dessiné sous le numéro CC XXXII par Dom Morice nous révèle l'exécution de cette faveur c'est le S. DE GILLES. S. DE. RAIS. MARESCHAL. DE.

163. — Sceau de Gilles de Laval-Retz.

FRANCE ;. l'écu aux fleurs de lis sans nombre porte en abîme un écusson chargé d'une croix, il est penché, cimé d'un heaume portant un dragon sur un croissant et supporté par deux anges.

Un autre cousin de Guy XIV mérite ici mention : c'est Gilles, évêque de Séez, dont nous donnons le sceau tel qu'il est dessiné sur la copie d'un acte du 7 septembre 1480 à une époque où Gilles, doyen du chapitre du Mans, agissait comme vicaire général de l'évêque Philippe de Luxembourg.

Gilles appartenait à la branche de Laval-Loué et brisait d'un quartier de Brienne-Beaumont ; le lion du premier

164. — Sceau de Gilles de Laval, 1488.

quartier était donc placé sur un semé de fleurs de lis que le dessinateur de Gaignières n'aura pas aperçu.

C'est encore à l'époque de Guy XIV que nous rattachons notre beau sceau de l'abbaye de Clermont (2674 de *Normandie*) d'après la matrice appartenant au musée de Saint-Lô.

165. — Sceau de l'abbaye de Clermont.

C'est un sceau rond de 0,040 « dans une niche gothique, la Vierge assise, couronnée, tenant l'enfant Jésus et une tige de lis au-dessous l'écu de Laval ; comme légende : s. CON-VENTUS : BE : MARIE : CLARI : MONTIS. » Selon l'*Armorial général de 1696*, reproduit par Cauvin dans son *Armorial du Maine*, les armes données d'office par le juge d'armes à l'abbaye de Clermont étaient : *d'azur à une vierge d'argent tenant son enfant Jésus d'or, posée sur une montagne d'argent*. Sur notre sceau on remarque le blason des fondateurs comme c'était l'usage général.

Nous demandons la permission d'ajouter ici le sceau d'un seigneur du Bas-Maine, qui ne touche à la famille de Laval par aucun lien du sang ; celui de l'un des héros des guerres anglaises, Ambroise de Loré. Resté inédit jusqu'ici, ce sceau ne saurait être déplacé à côté de celui des compagnons de Jeanne d'Arc.

Ce sceau (5355 de *Clairambault*) est appendu à une quittance de gages du 31 mai 1443. C'est un sceau rond de

166. — Sceau d'Ambroise de Loré, 1443.

0,045, présentant un « écu d'hermine à trois quintefeuilles, penché, timbré d'un heaume couronné et cimé d'une tête, supporté par un lion et une aigle » De la légende on lit encore : ......EL AMBROYS. Nous empruntons cette description à M. Demay, qui sans doute l'a faite d'après un exemplaire plus complet que le moulage qui nous a été donné et sur lequel on ne distingue plus rien de l'aigle, non plus que de la légende.

Devenu veuf le 14 janvier 1444 (n. s.), Guy XIV, le 13

décembre 1450, épousa Françoise de Dinan, née le 20
novembre 1436.

Nous avons vu en 1383 Guy XII, qui venait de perdre sa
première femme dont il n'avait pas eu d'enfant, obligé de
remettre la terre de Châteaubriand, qu'il tenait en son nom,
à un parent de la défunte, Charles de Dinan, son neveu à la
mode de Bretagne. Françoise était la petite fille de Charles
et son unique héritière.

Selon Gilles le Bouvier, dit Berry, en son *Armorial*,
numéro 1237 de l'édition donnée par M. Vallet de Viriville,
le sire de Dinan portait : *de gueules, à une fasce fuselée
d'hermine, accompagnée de six tourteaux d'hermine [?],
posés en orle.*

Les Archives des Basses-Pyrénées possèdent un sceau
rond de 0,037 de Charles de Dinan (274 de l'*Inventaire*),
appendu le 4 février 1407 (n. s.) à un accord relatif à la
succession de Clisson. Nous en empruntons la description à
M. Paul Raymond :

« Ecartelé : *1 et 4 quatre fusées d'hermines rangées en
fasce et accompagnées de six besants, trois en chef et trois en
pointe* (Dinan) ; *2 et 3 semé de fleurs de lys* (Châteaubriand).

« L'écu penché, timbré d'un heaume (dont le cimier a
disparu) : supporté par deux damoiselles. Le champ du
sceau : roses, étoiles et rinceaux ».

Charles de Dinan n'eut d'héritier que de sa troisième
femme, Jeanne de Beaumanoir, fille de Jean IV et de Marguerite de Rohan. Leur fils, Jacques, gouverneur de Sablé,
épousa Catherine de Rohan, fille puînée d'Alain IX.
Françoise fut leur fille unique.

Elle donna à Guy XIV deux fils :

1° Pierre de Laval, décédé dès 1475 ;

2° François de Laval, seigneur de Châteaubriand, qui
épousa le 11 juin 1488 Françoise, dame de Malestroit, née
en 1461, morte le 30 octobre 1532, fille de Jean IV, sire de

Rieux, de Rochefort, comte d'Harcourt, maréchal de Bretagne et de Françoise de Raguenel, dame de Malestroit, de Châteaugiron, Derval, Rougé et la Bellière.

François de Laval mourut à Amboise le 5 janvier 1503 laissant d'elle deux fils: Jean de Laval-Châteaubriand, l'époux de la célèbre Françoise de Foix, que nous trouverons en 1547 tuteur de Guy XVII, et Pierre, qui mourut en 1524, sans laisser d'enfant de Françoise de Tournemine, sa femme.

Guy XIV mourut en 1486 et fut enterré à Saint-Tugal, le 2 septembre; Françoise de Dinan lui survécut, épousa Jean IV de Proisy (1) et mourut le 3 janvier 1499 à l'âge de 63 ans.

GUY XV
1486-1501

Guy XV, né à Moncontour le 16 mars 1435, reçut au baptême le nom de son parrain François, duc de Bretagne. On possède encore son contrat de mariage du 8 janvier 1462 avec Catherine d'Alençon, fille de Jean V d'Alençon et de Marie d'Armagnac. Le mariage eut lieu seulement en septembre 1462, dans la ville d'Alençon.

En l'absence des sceaux de Guy XIV, ceux de son fils sont précieux à étudier.

Pour mémoire seulement nous mentionnerons celui apposé à un reçu du 21 février 1462 (v. s.), et conservé au folio 69 du volume 1668 des *Pièces originales* ; en le publiant sous le numéro 123, nous l'avons restitué à sa grand'mère Anne de Laval.

(1) Voir La Chesnaye-Desbois, tome XIV, p. 428.

Dans le *Bulletin de la Société archéologique d'Ille-et-Vilaine*, tome VI, page 295, on trouve, sous la date de 1498, le don d'une indemnité de cent mille écus et restitution de pension à Françoise de Dinan, comtesse de Laval.

Le premier nous est fourni par les *Notes et documents sur Vitré* d'après une empreinte du 12 juin 1465, apposée à une donation faite à Notre-Dame de Vitré, et dont le texte est publié par M. l'abbé Pâris Jallobert à la page xxix de son livre. Nous ne l'avons pas reproduit. Il porte le blason de Montmorency-Laval sans aucune modification.

Le deuxième de 0,075, que nous donnons d'après une empreinte du 1ᵉʳ janvier 1478 (n. s.), (*Clairambault* 5127), mais dont il existe un autre exemplaire, du 3 juillet 1464, à la bibliothèque de la rue Richelieu parmi les *Pièces origi-*

167. — Sceau de Guy XV, 1478.

nales, registre 1668, folio 70, nous présente un écu de Montmorency-Laval, brisé d'un premier quartier de France, timbré d'un heaume, couronné et garni de lambrequins aux fleurs de lis et supporté par deux lions. De chaque côté, dans le champ les lettres AY-DE. De la légende on lit encore : ....PRIMOGENITI COMITIS LAVALENSIS DNI MONTISFORTIS

GUIERCHIE ET SAGONEN.... L'empreinte de 1478 porte le contre-sceau que nous donnons sous le numéro 169 avec le sceau de 1480 ; celle de 1464 étant plaquée, ne comporte pas de contre-sceau.

Le troisième est de 1480 (*Clairambault* 5128). C'est un sceau rond de 0,078. Écu écartelé, au *1 de France*, au *2 et*

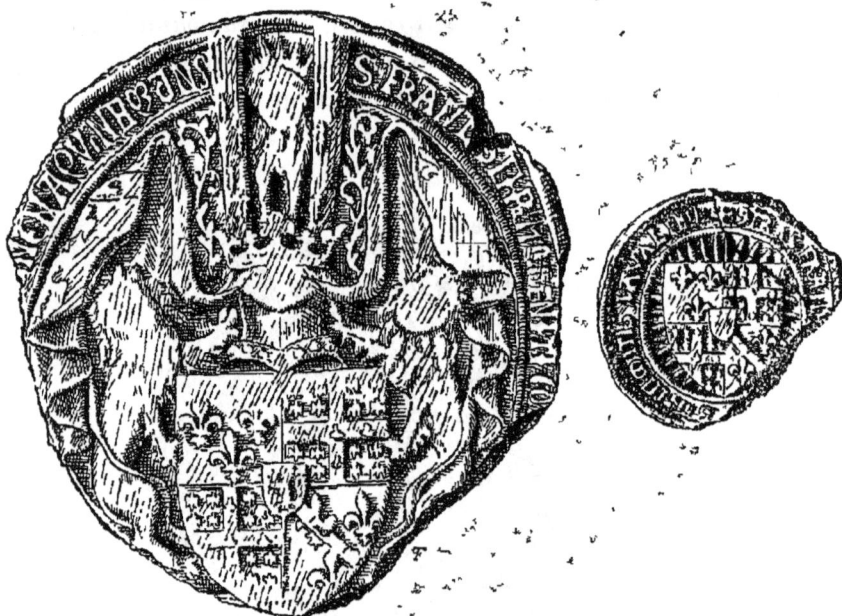

168-169. — Sceau et contre-sceau de Guy XV, 1480.

3 de Laval, au *4*, *d'Evreux* (*3 fleurs de lis au bâton componé*) ; en abîme l'écu de Vitré ; timbré d'un heaume à volet orné d'une couronne de marquis, armorié, drapé, cimé d'un lion entre deux vols d'hermine et supporté par deux lions. Un élégant rinceau remplit le fond du sceau. S. FRANCISCI RIMOGENITI CO...... ...EN AQUINEIS DNS. Le contre-sceau porte un écu aux armes du sceau posé sur un rais + CONTRAS FRAN.....GENITI COITIS LAVALEN...S.

Devenu comte de Laval, Guy XV se servait d'un sceau dont nous avons une empreinte de 1493 (*Archives* 824).

Ce sceau, d'une excessive richesse d'ornementation, représente un chevalier sur un cheval galopant à sénestre ; il
brandit de la droite son épée, de la gauche il tient un bou-

170-171. — Sceau et contre-sceau de Guy XV, 1493.

clier carré et ses guides. Son casque est couronné, sommé
d'un lion dans un vol et orné de lambrequins qui flottent au

vent ; le cheval a une longue plume sur la tête, la terrasse
et les parties vides du fond sont remplies par des buissons
épineux d'où sortent des flammes. La légende en partie
brisée énumère les titres du comte.

Le contre-sceau porte, dans un rais les armoiries des
Montmorency-Laval, avec cette légende : + CONTRA SIGILLUM
GUIDONIS LAVALENSIS.

Il en possédait un autre, le seul où nous voyions figurer
le collier de Saint-Michel, qui lui fut conféré à l'une des
premières promotions. Ce sceau, que nous ne reproduisons
pas ici, a été apposé le 10 septembre 1490 à un acte conservé au folio 123 du registre 1669 des *Pièces originales*. Il
porte le blason de Montmorency-Laval sans aucune modification.

En résumé Guy XV a porté trois blasons différents :
1° Celui de Montmorency-Laval, dont nous constatons
l'usage aux deux extrémités et sa vie, en 1465 et 1490.
2° Montmorency-Laval, brisé d'un quartier de France.
Outre les sceaux de 1464 et de 1478, où il figure, le
musée de Laval possède un autre témoin de l'existence
de ce blason ; c'est l'extrémité d'une poutre, tirée d'une
maison démolie pour l'ouverture de la rue des Halles, et
sur laquelle on a sculpté un ange portant un écu ainsi
chargé.
3° Montmorency brisé au premier quartier de France,
au quatrième d'Evreux et chargé en abîme de l'écu de
Vitré. Nous trouvons ce blason sur un contre-sceau de
1478, sur un sceau de 1480 ; nous l'avons déjà rencontré à
la fois au sceau et au contre-sceau de 1482 du frère de
Guy XV, de Pierre de Laval (voir figure 187) ; nous le trouverons encore au contre-sceau de Guy XVI et au sceau de
Guy XVII.

Ces deux derniers blasons furent le résultat de l'autorisation donnée en 1464 aux Montfort-Laval de porter un blason
différent de celui de Montmorency-Laval. Le quartier de

France et celui d'Evreux étaient destinés à rappeler l'un que
Guy XIV était le gendre d'une fille de France, Jeanne, fille
de Charles VI et épouse de Jean V de Bretagne, l'autre qu'il
était petit-gendre d'une autre personne du sang royal, Jeanne
d'Evreux, reine de Navarre, mère de Jean V.

Nous avons dit que Guy XV, le 8 janvier 1462, épousa
Catherine d'Alençon, fille de Jean V et de Marie d'Armagnac.
Bien que les sceaux de Jean V aient été publiés déjà tant à
la page 103 du *Jeanne d'Arc* de M. Vallon qu'à la page 71
du travail de M. Hucher sur les *Beaumont*, nous les donnons ici de nouveau. Le plus ancien (*Archives* 898), dont

172. — Signet de Jean V d'Alençon, 1423.

nous possédons une empreinte du 29 août 1423, est un
signet de 0,018 portant au centre l'écu d'Alençon : *de
France à la bordure besantée*. Comme légende : + PARVU
COT SIGILLUM.

Le second sceau (899 des *Archives*), dont on connaît deux
empreintes l'une du 6 mars 1440, l'autre du 15 mai 1444,
présente le même écu penché, timbré d'un heaume à cimier
et à lambrequins ; pour supports, deux lions. Pour légende :
S. JOHANNIS DUCIS ALENCONII COMITIS PERTICI ET VICECOMI-
TIS BELLIMONTIS. Les deux empreintes n'ont pas le
même contre-sceau. Le contre-sceau de 1440 porte l'écu
d'Alençon avec la légende : CONTRA SIGILLUM SALVORUM
CONDUCTORUM, c'est celui que nous donnons. Le second
nous présente le même écu, avec la légende + CONTRA
SIGILLUM JOHANNIS DUCIS ALENCONII.

L'aînée des sœurs de Guy XV fut Yolande, née à Nantes le 20 octobre 1431, mariée le 21 mai 1435 avec Alain de Rohan, fils aîné d'Alain IX, et qui, devenue veuve, épousa en deuxièmes noces le 14 juillet 1454, Guillaume d'Harcourt, comte de Tancarville, vicomte de Melun, baron de Montgommery, conseiller, chambellan héréditaire de Normandie, souverain maître des Eaux et Forêts de France. Ils moururent tous deux en 1487 : Guillaume le 27 octobre, Yolande le 8 novembre. Ils eurent deux enfants : Marguerite, morte

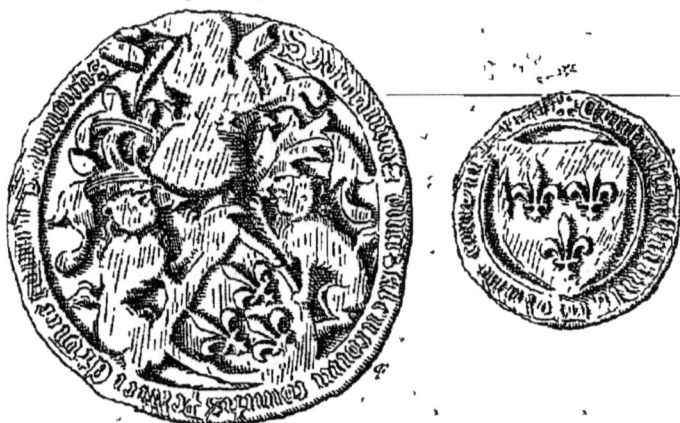

173-174. — Sceau et contre-sceau de Jean V d'Alençon, 1440-1444.

avant son mariage, et Jeanne qui, par contrat du 20 juin 1471, épousa René II de Lorraine. Nous connaissons trois sceaux de Guillaume de Tancarville : ils sont des 3 mai 1453, 10 juillet 1476 et 22 juin 1477 et portent les numéros 8796, 8797, 8800 de la collection de *Clairambault*.

Celui de 1453 est un « sceau rond de 0,048. Ecu écartelé : au 1 et 4, *deux fasces; au 2, un semé de fleurs de lis au lambel; au 3, trois bandes à la bordure;* sur le tout un écusson *chargé de... à la bordure;* penché, timbré d'un heaume cimé d'une touffe, supporté par deux lions, comme légende : ..... DE HARCORT COTE DE TACARVILE DE MOGOMERI VICOTE DE.....

Celui de 1476 est un « sceau rond de 0,06. Ecu à *deux fasces*, penché, timbré d'un heaume à lambrequins cimé d'une touffe, supporté par un lion et un griffon tenant chacun une bannière ; celle de dextre : écartelée au 1 et 4, *de trois bandes à la bordure ; au 2 et 3, d'un semé de fleurs de lis au lambel ;* celle de sénestre écartelée : au 1 et 4, *d'un écusson en abîme à l'orle d'angemmes ;* au 2, *de neuf besants, 3, 3, et 3, sous un chef ;* au 3, *de trois fasces à la barre brochant.* S. DE GUILLE COTE DE TANCARVILLE ET DE MOGOMERI..., au contre-sceau un écu à l'écusson en abîme, accompagné d'angemmes en orle. — Sans légende ».

Celui de 1477 est semblable à ce dernier, sauf que sur la seconde bannière, l'écusson en abîme est accompagné non d'un orle d'angemmes, mais de huit quintefeuilles et que les besants sont au nombre de sept seulement. Le contre-sceau porte l'écu à l'écusson en abîme, accompagné de huit quintefeuilles en orle. La légende de ce sceau est : S. DE GUILLE COTE DE TA... VICOT. ....ELLE.

Les sceaux de *Clairambault* 8798 et 8799 n'appartiennent pas à Guillaume d'Harcourt, mais à Guillaume de Melun, son grand-père maternel.

Nous rattachons à Guy XV le sceau des Contrats de *Laval-*

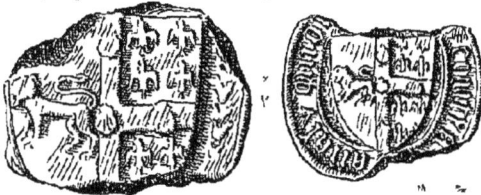

175-176.— Sceau et contre-sceau des Contrats de Laval, fin du XVᵉ siècle.

Guion gravé à la fin du XVᵉ siècle, et dont nous devons communication à M. L. Garnier. Le sceau n'a plus sa légende mais le contre-sceau porté des caractères cursifs très accentués.

Par erreur, sous le numéro 119, le sceau a pris dans notre texte la place qui appartenait au sceau gravé au

177. — Sceau des Contrats de Laval, commencement du XVe siècle.

commencement du XVe siècle. Nous donnons ici ce dernier tel qu'il devait figurer avec ceux de l'époque de Guy XII.

Guy XV, mourut en son château de Laval le 22 janvier 1500. Catherine d'Alençon lui survécut de cinq ans et mourut le 6 mars 1505. Ils furent inhumés avec leur fils unique, mort en bas âge, en l'église de Saint-Tugal.

GUY XVI

1501-1531

Le sixième enfant de Guy XIV, Jean de Laval, seigneur de la Roche-Bernard, né à Redon le 14 février 1436 et mort prématurément, laissa de sa femme Jeanne du Perrier dame de Quintin, un fils unique qui grandit sous la tutelle de son grand-père du Perrier d'abord, puis sous celle de son oncle, Guy XV. C'est lui qui, en 1501, se trouva héritier du comté de Laval. Il avait épousé à Lyon, le 20 juillet 1500, Charlotte d'Aragon, princesse de Tarente, fille de Frédéric d'Aragon et d'Anne de Savoie, qui mourut à Vitré le 6 octobre 1505. Deux filles seulement survécurent des enfants que Guy XVI eut de cette première alliance : Catherine et Anne : Catherine, en novembre 1518, épousa Claude, sire de Rieux et de Rochefort, comte d'Harcourt et d'Aumale, né le 15 février

11

1497 et mort le 19 mai 1532. Elle-même mourut le 31 décembre 1526.

Du sceau de Claude de Rieux, il existe une empreinte du 27 octobre 1527, que nous ne donnons pas ici ; c'est un sceau rond de 0,048 (*Clairambault* 4467). — « Écu écartelé, au 1 et 4, *cinq besants posés en sautoir ;* au 2 et 3, *de vair ;* sur le tout un écusson fruste, devant porter *les deux fasces d'Harcourt ;* l'écu surmonté d'un listel chargé d'une inscription effacée, entouré du collier de Saint Michel, avec cette légende S. C. SIRE D. RIEUX. D. RO. ET. D. BA. DA. V. D. DOGES. C. E. D. HARCOURT ».

Claude de Rieux et Catherine de Laval eurent deux filles : nous verrons l'aînée, Guyonne, devenir comtesse de Laval en 1547, et le fils de la cadette, sous le nom de Guy XIX, succéder à sa tante en 1586.

Anne de Laval, en 1522, épousa François de la Trémoille, dont le petit-fils, en 1605, viendra à son tour recueillir le comté de Laval.

Nous connaissons deux sceaux de François de La Trémoille ; du plus ancien il existe une empreinte du 2 juin 1526 (*Clairambault* 4368). C'est un sceau rond de 0,076 dont l'écu est timbré d'un heaume à lambrequins cimé d'une tête d'aigle, supporté par deux lions. Le blason est écartelé : au 1 et 4 contre-écartelé : au 1 de la Trémoille, au 2 de Bourbon-Montpensier, au 3 de Thouars, au 4 de Craon ; au 2 et 3 contre-écartelé ; au 1 et 4 de Coëtivy, au 2 d'Orléans, au 3 de Milan. Pour légende : + FRANÇOIS : DE : LATRE-MOILLE : CONTE : DE : GUINES : DE : BENON : DE : TAILLE-BOURG : VICONTE : DE : THOUARS : PRINCE : DE : TALEMONT. Ce sceau est publié à la page 56 du *Chartrier de Thouars,* chargé, comme tous ceux de l'ouvrage, des hachures de convention destinées à figurer les couleurs.

Le second (*Clairambault* 4369) est du 22 mars 1528 (n. s.); il n'a que 0,039 de diamètre ; il porte le même blason que le précédent et ne possède pas de légende. Il est resté inédit.

Nous n'avons rencontré aucun sceau d'Anne de Laval ; quant à ses portraits nous avons constaté que celui qui a été publié par la *Revue du Maine*, tome VIII, p. 8, ne peut avoir aucune authenticité. Après avoir été offert en 1865 à M. le duc de La Trémoille, qui refusa d'en faire l'acquisition, il fut acheté par le *Musée* du Mans et sa publication fut le motif de la mise au jour de la jolie notice de M. le Fizelier.

Ce qui avait pu déterminer ce savant à y reconnaître le portrait d'une personne vivant dans la première moitié du XVIe siècle, alors que la dame qui y figure porte un costume postérieur de vingt ans à la mort d'Anne de Laval ; ce qui l'avait en quelque sorte obligé à y chercher les traits de cette princesse, bien que cette peinture fut loin de ressembler au crayon de Castle Howard (1), c'est l'inscription peinte en haut du portrait : ANNE DE LAVAL DAME DE LA TRÉMOILLE 1521. Lors d'un récent examen nous avons constaté que cette légende ainsi que le blason qui l'accompagne, ne sont pas contemporains de la peinture et ne sont que des repeints. L'inscription ne mérite donc aucune créance et, laissant de côté son affirmation, nous sommes obligés de déclarer que ce portrait n'est pas celui d'Anne de Laval.

Quelle est cette dame ? Nous ne saurions malheureusement le dire (2). Il n'y a aucun compte à tenir de l'étiquette que porte le cadre : *Jeanne de la Trémoille*, ni de la désignation du catalogue *Jeanne de la Trémoille, comtesse de Laval*; elles ne reposent sur rien. Entré au musée

---

(1) Ce crayon a été publié sous le numéro 58 du tome I des *Three hundred french portraits representing personages of the courts of Francis I, Henry II, and Francis II, by Clouet, auto-lithographed from the originals at Castle-Howard Yorkshire* by lord Ronald GOWER ; London, Sampson, 1875, in-folio.

(2) Monsieur Henri Bouchot, qui est des plus compétents sur l'iconographie du XVIe siècle et qui a bien voulu aider nos recherches, estime que le portrait du Mans n'est pas un Clouet et ne représente pas Anne de Laval.

par achat, ce portrait, dont on ne connaît pas la provenance réelle, auquel aucune tradition ne se rattache, qui
porte aujourd'hui une inscription très certainement fausse
et mise par une main assez peu instruite pour n'avoir pas
su y dessiner le blason d'Anne, ne possède en lui rien qui
aide à reconnaître la personne qui a servi de modèle.

Nous connaissons deux empreintes du sceau de Guy XVI,
l'une de 1507 (*Archives* 825), l'autre de 1526, conservée à
Vitré et dessinée dans les *Notes sur Vitré*.

178-179. — Sceau et contre-sceau de Guy XVI, 1507.

Ce sceau rond est très curieux et se rapproche par son
agencement de la forme adoptée aux XVIIᵉ et XVIIIᵉ siècles ;
l'écu, surmonté d'un casque de profil, couronné et sommé
d'un lion assis dans un vol, est soutenu par deux anges à
chevelures flottantes, le corps garni d'une cotte de mailles et
placés devant un ample manteau doublé d'hermine et armorié.

Il faut remarquer le collier de Saint-Michel qui accompagne l'écu, les coquilles sont reliées par une triple aiguil-

lette nouée en faisceau et le Saint Michel relativement très grand n'est pas placé dans un médaillon ovale (1). Le champ du sceau est en outre rempli de flammes. Le blason de l'écu ne contient que les armes de Montmorency-Laval sans aucune addition.

Le contre-sceau porte au contraire le blason des Laval-Montfort. La légende très fruste laisse cependant deviner : + CONTRASIGILLUM COMITIS LAVALENSIS.

Enfin le même Guy scella le 2 juin 1529 une quittance de ses gages de Gouverneur et Amiral de Bretagne. Ce sceau

180. — Sceau de Guy XVI, 1529.

très fruste (5131 de *Clairambault*) se rapproche beaucoup du contre-sceau précédent.

Le 5 mai 1517, Guy XVI contracta une seconde alliance avec Anne de Montmorency, seconde fille de Guillaume I et d'Anne Pot et sœur du connétable, laquelle mourut le 9 juin 1525 au château de Comper, d'où son corps fut rapporté en la ville de Laval. Ils eurent trois enfants : 1º Claude, qui succéda à Guy XVI ; 2º Marguerite qui épousa Louis de Rohan ; 3º Anne, qui épousa Louis de Sully.

Devenu veuf une seconde fois, Guy XVI épousa en troisièmes noces Antoinette de Daillon. Il en eut Charlotte de Laval qui, en 1547, épousa le fameux amiral Gaspard de Coligny, et mourut le 3 mars 1586, après avoir eu six fils et deux filles.

(1) Notre sceau prouve que Guy XVI reçut le collier de Saint-Michel avant 1507, et non en 1517 comme l'a dit la *Revue Nobiliaire*, tome XVI, p. 469.

Nous connaissons un sceau de Coligny du 29 janvier 1553 (*Clairambault*, 2661) ; il est rond de 0,027 ; l'écu est posé devant une ancre et entouré du collier de Saint-Michel (1).

Nous donnons celui de son père du 10 juin 1522 (*Clairambault* 2660). Il est rond de 0,05, et présente l'écu à l'aigle

181. — Sceau de Gaspard de Coligny, 1522.

couronnée, timbré d'un heaume à lambrequins, cimé d'une tête de paon, entouré du collier de Saint-Michel ; comme légende : GASPARD : S. D. COULEG.... H[l] DE FRAC.

Nous placerons ici quatre fragments de vitraux de Luynes dont nous empruntons le dessin à Gaignières. Le premier se trouvait à gauche près du grand autel, dans le chœur des religieuses chanoinesses de Maillé. Il nous présente les blasons accolés de Laval-Loué et de Maillé. Le second et le quatrième étaient dans la même église à la chapelle des cinq plaies de Notre-Seigneur. Le second porte le blason de Laval-Loué, brisé au troisième par celui des Chabot. Le quatrième porte de Laval-Loué parti de Maillé. Le troisième

_____

(1) Coligny reçut le collier de Saint-Michel en 1547 ; il fut fait amiral de France le 11 novembre 1552.

était dans le chœur, il porte au premier de Thouars et d'Amboise, au deuxième de Chauvigny, au troisième de Laval et au quatrième de Maillé.

182. — Vitraux de Luynes.

Guy XVI mourut, non pas en 1532, comme l'a dit Bourjolly d'après Nicolas Gilles, mais le 20 mai 1531, ainsi que l'a constaté Du Chesne à la page 577 de son *Histoire*.

GUY XVII
1531-1547

Guy XVII était mineur lors du décès de son père. Le roi François Ier, par ses lettres du 3 août 1531, confirmant le testament de Guy XVI, confia la tutelle de Guy XVII et de sa sœur à Jean de Laval-Châteaubriand et à Anne de Montmorency.

Ce Jean de Châteaubriand était petit-fils de Guy XIV et de Françoise de Dinan dame de Châteaubriand. François de Laval, son père, héritier de Françoise de Dinan, lui avait laissé en mourant la seigneurie de Châteaubriand, dont il

183. — Sceau de Jean de Châteaubriand, 1534.

portait le blason semé de fleurs de lys, comme le montre son sceau plaqué sur papier tel qu'il figure sur des reçus des 8 juillet 1534 et 30 juillet 1535 (*Pièces originales,* vol. 1669, pp. 155 et 161). On y remarque le collier de Saint-Michel qui lui avait été conféré en 1521.

N'ayant pas d'enfant de sa femme, la célèbre Françoise de Foix, il se décida à faire des largesses de son immense fortune. Anne de Montmorency, qui en obtint la meilleure part, dut soutenir pour la conserver, divers procès dans lesquels il eut gain de cause (1).

(1) Bourjolly (I, 390) n'a dit que peu de chose sur les dispositions prises par Jean de Laval et sur les motifs de la rancune que Guy XVII garda contre Anne de Montmorency. Cette question a été traitée par M. Decrue aux pages 422-428 de son *Anne de Montmorency* (Paris, Plon, 1885, VII-452 p. in-8°) où il indique de nombreux documents qui y sont relatifs.

Le 23 octobre 1535, Guy XVII épousa la nièce et la pupille de Jean de Châteaubriand, Claude de Foix, fille d'Odet de

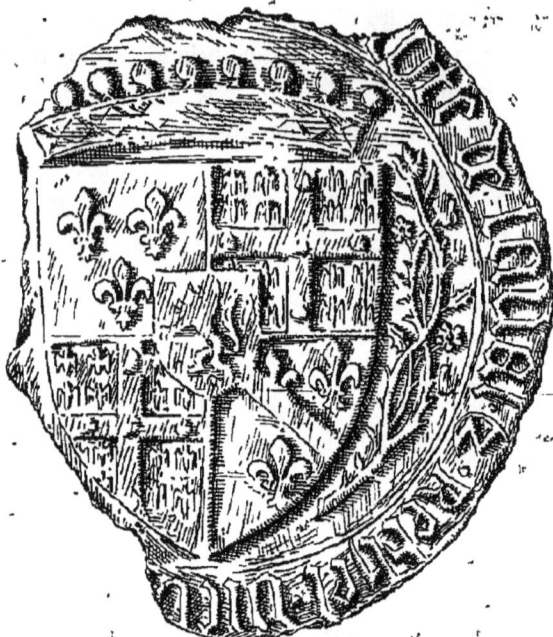

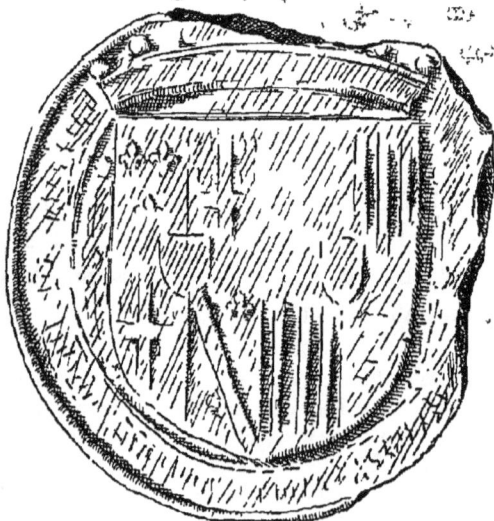

184-185. — Sceaux de Guy XVII et de Claude de Foix, 1542.

Foix et de Charlotte d'Albret d'Orval. Nous avons deux sceaux d'Odet de Foix que nous ne donnons pas ici. Ils sont de 1523 et de 1527 et figurent sous les numéros 311 et 312 parmi les *Sceaux des Basses-Pyrénées.* Ils ont 0,035 de diamètre et présentent un écu droit écartelé : 1 et 4 de Foix, 2 et 3 de Béarn et sur le tout chargé en cœur d'un écusson à deux léopards passants, l'un sur l'autre ; timbré d'une couronne de baron ; entouré du collier de Saint-Michel à deux rangs de coquilles.

La collection des *Archives* (nos 826, 827) possède les moulages des sceaux de Guy XVII et de sa femme Claude de Foix, tels qu'ils ont été posés dos à dos à un acte du 10 juillet 1542.

Le sceau du comte est un grand écu armorié, sommé d'une couronne comtale à neuf perles et accosté de deux branches de roses enlacées. La légende en grands caractères gothiques, porte encore : COMTE DE LAVAL ET RETHEL VICO.... Celui de la comtesse est tellement fruste qu'à peine peut-on y voir l'écu de son mari parti du sien, il était surmonté de la couronne comtale. De la légende, on ne peut plus rien lire.

Nous avons de la dernière année de Guy XVII (*Pièces originales*, vol. 1669, folio 157) un sceau sans légende et

186. — Sceau de Guy XVII, 1547.

uniquement rempli par un écu de Montfort-Laval, avec couronne à sept fleurons.

Nous reproduisons enfin le jeton déjà publié par M. P. de Farcy, lors du Congrès Archéologique de 1878, et qui n'a pu

187-188. — Jeton de Guy XVII.

être frappé qu'après 1540, époque où, par le décès de ses frères, Claude de Foix devint dame de Lautrec.

Guy XVI mourut à Saint-Germain-en-Laye le 15 mai 1547, après avoir reçu le collier de Saint-Michel, en 1546.

Nous avons dessiné aussi deux cachets d'un personnage qui a joué un rôle considérable dans le Maine ; Artus de Cossé comte de Secondigny en Poitou, il était le second fils de René de Cossé et de Charlotte Gouffier, et après s'être

189-190. — Sceaux d'Artus de Cossé, 1560, 1577.

servi en 1545 et 1552 de sceaux (2822, 2823 de *Clairambault*) où ne figurait que le blason des Cossé, il employa deux sceaux dont nous avons des empreintes de 1560 et de 1577 (2824, 2825 de *Clairambault*) et qui portent un écu écartelé chargé sur le tout du blason des Montmorency. Sa mère était fille de Guillaume Gouffier et de Philippe de Montmorency, fille de Jean II de Montmorency.

GUYONNE ET GUY XVIII
1547-1567

Par le décès de Guy XVII, la descendance mâle des Montfort-Laval était éteinte. Le comté revenait à une petite-fille de Guy XVI, à Renée de Rieux, fille de Claude de Rieux et de Catherine de Laval, née en 1524. Depuis le 5 janvier 1545, elle était mariée à Louis de Sainte-Maure, marquis de Nesle et comte de Joigny. En l'absence de leurs sceaux, nous ne saurions dire si, comme l'affirme Bourjolly, ils portèrent le blason de Montfort-Laval.

Quant aux branches cadettes des Montmorency-Laval, elles avaient pris peu à peu le blason plein qui, par suite de l'extinction des héritiers de la branche aînée lors du décès

191-192. — Sceaux de Jean de Laval-Loué, 1567, 1576.

d'Anne de Laval en 1465, devait leur appartenir. Nous trouvons ce blason plein sur les sceaux plaqués sur papier de Jean de Laval-Loué (*Pièces originales,* vol. 1669, fol. 185). Les empreintes sont au nombre de quatre, du 24 novembre 1567, des 10 juin et 20 octobre 1574 et du 29 février 1576. Nous donnons le dessin de la première et de la dernière ; l'une et l'autre portent le collier de Saint-Michel ; la seconde seule porte une couronne de comte.

Guyonne mourut au château de Laval le 13 décembre 1567.

GUY XIX

1567-1586

Au décès de Guyonne, le comté de Laval échut au descendant de Claude de Rieux, seconde fille de Catherine de Laval, Paul de Coligny, fils de François de Coligny, seigneur d'Andelot. Le nouveau comte épousa le 1er septembre 1583 Anne d'Alègre, fille de Christophe d'Alègre et d'Antoinette du Prat (1). Nous n'avons pas de sceau de Christophe d'Alègre, mais il en existe deux de son père Gabriel (76 et 77 de *Clairambault*). Sur celui du 26 juillet 1525 figure un « écu à *la tour amortie en plate-forme crénelée, la baie de la porte garnie d'une herse* ». Sur celui du 26 février 1527 l'écu est « à *la tour amortie en plate-forme crénelée exhaussée sur un perron accompagnée de six fleurs de lys rangées en orle, la porte fermée par une herse* ».

Guy XIX, après avoir fait son testament le 28 juillet 1585, mourut le 15 avril 1586.

Il ne laissait qu'un fils.

GUY XX

1586-1605

Guy XX, fils de Guy XIX et d'Anne d'Alègre, né le 6 mai 1585, avait moins d'un an lorsqu'il devint comte de Laval ; à peine sorti de l'adolescence, il se convertit au catholicisme en 1605 ; puis partit pour la Hongrie afin de prendre part à

---

(1) Voir dans La Chesnaye-Desbois, t. I, 285-293 la *Généalogie des d'Alègre*. Voir aussi Fernand Labour, *La châtellenie d'Oissery* (Dammartin, 1876, in-8°.).

la guerre contre les Turcs. Il fut tué à l'une des premières affaires, dès le 3 décembre 1605.

Ses obsèques eurent lieu à Laval le 26 février 1609. Comme ses héritiers étaient tous protestants, ce fut un cousin, Brandelis de Champagne, marquis de Villaines-la-Juhel, qui conduisit le deuil. Brandelis était le fils puîné de Gaspard de Champagne, comte de la Suze, et de Françoise de Laval-Lezay, second enfant de Guy I de Lezay et de Claude de la Jaille. Elle avait été épousée le 26 mai 1547. On remarquera combien cette parenté était éloignée puisqu'il fallait remonter jusqu'à Guy VIII pour rencontrer l'auteur commun qui l'établissait.

Nous avons un sceau de Brandelis (2120 de *Clairambault*), antérieur à l'érection de Villaines en marquisat ; il présente un écu écartelé, au 1 et 4 un *fretté sous un chef au lion*

193. — Sceau de Brandelis de Champagne, 1586.

issant, au 2 et 3 de Laval ; sur le tout, un écusson à *la bande coticée potencée et contre-potencée, parti d'une demi-croix vidée, cléchée et pommettée ;* l'écu est couronné. L'empreinte est d'avril 1586. Les sceaux de son père de 1548 et 1556 (2124, 2125 de *Clairambault*) ne portent que le *fretté sous un chef au lion issant*.

La mort de Guy XX, le dernier des Coligny-Laval, fit entrer le comté de Laval dans une famille dont l'héritier descendait lui aussi des Montfort-Laval. Henri de la Trémoille, était, en effet, l'arrière- petit-fils d'Anne de Laval, fille de Guy XVI et de Charlotte d'Aragon.

Les la Trémoille possédèrent Laval jusqu'à la Révolution ; mais pour eux, le titre de comte de Laval fut seulement une qualification accessoire qui prit place dans l'énumération de leurs nombreuses qualités et dont ils ne se parèrent jamais. Le blason de Laval ne tarda même pas à disparaître du quartier de leurs armoiries où il fut d'abord placé.

Nous ne le suivrons pas dans les quelques écus où il figurait. Mais en renvoyant au *Chartrier de Thouars*, où sont publiés les sceaux des la Trémoille, nous ferons remarquer que les dessins de ce splendide volume ne sont pas exempts de toute inexactitude. Le quartier de Montmorency-Laval y figure avec cinq, sept, neuf ou même dix coquilles.

Quant au nom de Laval, il devait disparaître à notre époque seulement, et fut conservé par les branches cadettes : les Laval-Lezay, les Laval-Tartigny et les Laval-Bois-Dauphin.

LAVAL-LEZAY

Les Laval-Lezay apportèrent même un nouveau lustre au nom de Laval. En juin 1642, Hilaire obtint l'érection de la terre de Lezay (Deux-Sèvres) en marquisat, auquel des lettres patentes d'octobre 1643, conférèrent le nom de Laval-Lezay. Puis Guy-André-Pierre obtint des lettres patentes portant union de la baronnie d'Arnac et d'autres terres au marquisat de Magnac et érigeant le tout en un duché héréditaire portant le nom de Laval. Ces lettres sont d'octobre 1758 et furent enregistrées le 29 novembre 1758 (1).

Aux Laval-Lezay appartiennent deux cachets que nous avons dessinés.

(1) La Chesnaye-Desbois, t. XIV, col. 407-409.

Le premier est celui de « l'abbé de Laval ». Il est fourni par trois lettres adressées à M. Chevillard, datées de Cambrai, les 2 et 3 décembre 1707 et 16 juillet 1708 (1). Elles émanent de François de Laval, que Moréri appelle Hilaire, et qui

194. — Cachet d'Hilaire de Laval-Lezay, 1707.

mourut évêque d'Ypres le 26 août 1713 (2), peu de mois áprès avoir été sacré. L'écu porte les armes pleines de Montmorency-Laval.

'. Le second (*Archives* 6734) est de 1783 ; il est à peine visible et émane de Louis-Joseph, né le 11 décembre 1724,

195. — Sceau de Louis-Joseph de Laval, 1783.

sacré évêque d'Orléans le 10 février 1754, évêque de Condom en 1757, de Metz en 1760, cardinal en 1789 et mort à Altona en 1808.

(1) Dossiers bleus, 12415.
(2) Voir Bourjolly (II, 57) où sa mort a été donnée sous une date erronée.

Le dernier mâle des Laval-Lezay s'est éteint le 2 avril 1851. (1)

LAVAL-BOIS-DAUPHIN

Trois documents des années 1544, 1550 et 1555 (*Pièces originales*, vol. 1669, fol. 166, 170, 171) nous ont conservé le sceau de René II de Bois-Dauphin.

Les Bois-Dauphin brisaient les armes de Montmorency-Laval d'une *bordure de sable à cinq lionceaux d'argent tour-*

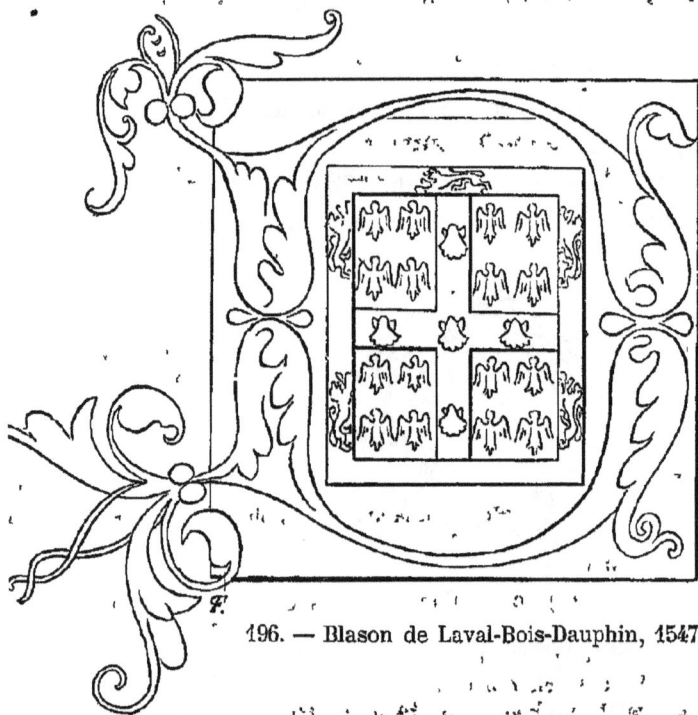

196. — Blason de Laval-Bois-Dauphin, 1547,

nés vers l'écu. Ce blason, donné par Du Chesne, existe encore dans un vitrail de l'église de Beillé où il figure isolé

(1) Voir la descendance des Laval-Lezay dans Saint-Allais, t. III, p. 308 et XIX, p. 356 et dans Potier de Courcy, t. IX de la continuation du P. Anselme, p. 189-191.

et mi-parti avec celui de la famille Saint-Mars (1). Nous le trouvons aussi sur un aveu, qui appartient à M. d'Achon et qui a été rendu le 14 octobre 1547 à René II de Bois-Dauphin par Guy Lasnier, seigneur de Sainte-Gemmes-sur-Loire, de Monternault-Lamaury et de L'Effredière (2).

(1) Voir Eugène Hucher. — *Restauration du vitrail de Beillé* (Sarthe). Tours, 1881, in-8°. Extrait du *Bulletin monumental.*

(2) En nous communiquant cet aveu, M. d'Achon y joint une note importante pour la généalogie de la branche de Bois-Dauphin :

« D'après le Père Anselme, André Du Chesne et Ménage, ce dernier, en ses *Remarques sur la vie de Guillaume Ménage*, p. 425, Anne de Maimbier, mariée vers 1440 à Thibault de Laval, serait fille de Jean de Maimbier et de Jeanne Pointeau, dame de Bois-Dauphin.

» Elle serait au contraire fille de Jean de Maimbier et de Françoise de Villeprouvée d'après les généalogies des maisons de Quatrebarbes (manuscrit Bibliothèque d'Angers), de Villeprouvée (dossier de Ville-prouvée, Bibliothèque nationale, fonds d'Hozier), et de Brée (*Revue du Maine*, XVI, p. 34).

» Les deux premiers documents sont on ne peut plus affirmatifs ; on lit dans le troisième : Guyon de Brée épousa « par contrat devant F. le » Naturel et Nattet, notaires à Laval, le 19 mai 1476, Louise de Laval, » fille de Thibault, S. de Bois-Dauphin et d'Anne de Maimbier, dame » dudit lieu à une lieue de Vitré, d'Aulné, de Cangen et du fief d'Assil, » fille et unique héritière de Jean et de Françoise de Villeprouvée. »

» Malgré le respect dû aux trois graves auteurs cités, il paraît tout à fait impossible d'admettre qu'ils n'aient pas commis une erreur et omis un degré : Anne, certainement fille de Jean de Maimbier et de *Françoise de Villeprouvée*, ne peut être que petite fille de Jean de Maimbier, *époux* de Jeanne Pointeau. Si Ménage, pas plus que le Père Anselme et Du Chesne, ne donne des dates pour le mariage de ces derniers, ni pour celui de Thibault de Laval avec Anne Maimbier c'est qu'aucun d'eux ne parlait pièces en main ; mais comme Anne était fille de Jean et petite fille d'autre Jean de Maimbier, on s'expliquera assez facilement qu'ils aient pu omettre un degré.

» L'alliance de Jean de Maimbier avec Jeanne Pointeau est anté-rieure, et peut être de beaucoup, au 12 juillet 1407. A cette date en effet, nous trouvons un acte d'arrentement par « les sieurs abbé et religieux du Perray-Neuf à Jean de Mambré et damoiselle Jehanne Pointel, son épouse, des quarteries de bled et de vin, que lesdits sieurs abbé et religieux avoient coutume de prendre, cueillir et lever en la grande dixme de Précigné, à la charge de deux deniers de cens, chacun an, au jour d'Angevine ». (*Revue du Maine*, t. IV, p. 59.)

Anne de Maimbier encore mineure, et, comme le prouve un acte cité

Sur notre sceau les lionceaux ne sont plus visibles mais
la bordure est très apparente. L'écu est penché, supporté

197. — Sceau de René II de Laval-Bois-Dauphin 1544-1555.

par un griffon et un lion et cimé d'une tête de paon ; la
légende est SEEL RENÉ DE LAVAL. Ce René II était le fils de
Jean de Laval et de Renée de Saint-Mars.

ci-après du 5 juillet 1441, à cette époque sous la tutelle de son oncle
Cesbron de Villeprouvée, ne peut être vraisemblablement que leur
petite fille ; et c'est bien elle qui a épousé Thibault de Laval, car,
outre la preuve qu'en fournissent les sources indiquées, il est à remarquer qu'elle était dame de Cangen, du chef de sa mère Françoise de
Villeprouvée, fille de Jean de Villeprouvée et d'Isabeau de Courceriers,
cette dernière fille elle-même de Guillaume de Courceriers, dont le
codicille est daté de son habergement de Cangen, le 5 octobre 1421. —
C'est seulement de cette façon qu'on peut expliquer que la terre et
seigneurie de Cangen, paroisse de Laigné, près Château-Gontier, soit
arrivée aux Laval-Bois-Dauphin, comme le prouve l'aveu rendu le
14 décembre 1547 par Guy Lasnier, seigneur de Sainte-Gemmes-sur-
Loire, pour l'Effredière à hault et puissant seigneur « Messire René de
Laval, seigneur du Bois-Dauphin, de Précigné, de Sainct Aulbin des
Couldraiz, de la Mousse, d'Aulnay, Cangen et du Fief Ferré ».

» Le dossier de Villeprouvée aux Archives de Maine-et-Loire renferme
une pièce originale du 5 juillet 1441 qui est la présentation par
« Cesbron de Villeprouvée, chevalier, seigneur de Courceriers, de la
Ferrière, de Villeprouvée, ayant le bail et administration d'Anne de
Maimbier sa nièce, mineure d'ans et de ses terres et seigneuries de
Cangen, à la chapelle seigneuriale de Cangen et à la chappellenie perpé-
tuelle fondée et déservie en une chapelle nouvellement établie audit
manoir de Cangen ».

» Anne de Maimbier, qui n'était pas encore mariée le 5 juillet 1441, a
épousé Thibault de Laval antérieurement au 6 novembre 1442, date de

Il eut pour fils Urbain II, qui, après avoir joué pendant la ligue un rôle important, fut fait par Henri IV le 25 juillet 1597, maréchal de France. Nous possédons les empreintes

198. — Cachet du maréchal de Bois-Dauphin, 1597.

de quatre de ses cachets. L'une d'elles, qui date du 16 septembre 1597, n'est pas armoriée et porte un lac d'amour.

Les trois autres portent le blason de Montmorency-Laval sans brisure ; et c'est-là aussi le blason qui figure sur le tabernacle de Précigné, dessiné par M. l'abbé Ledru (1). Les

199-200-201.— Cachets du maréchal de Bois-Dauphin, 1592, 1601, 1609.

Bois-Dauphin, comme les autres cadets de la famille de Montmorency-Laval, quittèrent la brisure de leurs armes

la mort de Guy de Baïf, abbé de Saint-Aubin d'Angers, car A. Du Chesne, qui place ce mariage vers 1440, nous dit qu'il fut accompli par l'avis et conseil de Guy, abbé de Saint-Aubin d'Angers. (Du Chesne. — *Revue du Maine*. t. IV, p. 62.)

» Anne de Maimbier, veuve de Thibault de Laval, mort en 1461, et qui avait de ce premier mariage cinq enfants, épousa en deuxièmes noces Adam Le Roy, écuyer. On ignore si elle eut des enfants de cette seconde alliance. » (Du Chesne, *Histoire*, p. 639.)

(1) Ce dessin est au frontispice de son *Urbain de Laval-Bois-Dauphin*. On trouve dans cet ouvrage la reproduction à l'eau-forte de l'encre de chine qui représente le maréchal de Bois-Dauphin et qui est conservée au folio 181 du volume 1124 du *Fonds du Saint-Esprit*. Nous signalerons ici l'existence d'un portrait finement gravé au XVIIe siècle, qui avait jusqu'ici échappé à toutes les recherches. Il est conservé au folio 373 du registre 1670 des *Pièces originales*. Il est signé : *Stuerhelt*.

pour prendre le blason plein des anciens chefs de leur maison (1).

SCEAUX DES CONTRATS DE LAVAL

Nous avons reçu communication de nombreux exemplaires des sceaux des contrats de Laval. Presque tous malheureusement étaient détachés, et nous nous sommes trouvés dans l'impossibilité d'en dater les empreintes. Afin de conserver à notre travail son caractère chronologique, qui présentait des avantages sérieux, nous avons placé les dessins de ces sceaux avec ceux de l'époque de la gravure des matrices. Nous les réunissons ici dans un tableau unique, en ayant soin de rappeler les numéros d'ordre sous

202-203. — Sceau et contre-sceau des Contrats de 1250.

lesquels ils ont pris place dans les pages qui précèdent. Il sera facile ainsi en les retrouvant, de les comparer aux monuments contemporains, auprès desquels nous les avons publiés.

(1) Au volume 1124, fol. 120 de la collection Clairambault est conservé le dessin de la tombe en marbre de Françoise, fille de René II de Laval-Bois-Dauphin et seconde femme de Louis VI de Rohan. L'écu est parti de Rohan et de Montmorency-Laval, sans brisure.

Ils se réduisent à cinq types pour le sceau et à deux pour le contre-sceau.

Les plus anciens remontent au milieu du XIIIᵉ siècle, à l'époque même où Guy VII, cadet des Montmorency, quittait le canton d'*hermine* qui brisait son blason pour le remplacer par les *cinq coquilles* de son frère Mathieu, auquel il succédait dans la seigneurie d'Attichy. Ce sceau (figures 74-75) qui servait encore en 1397, doit être rapproché de ceux de Vitré et de Meslay, (figures 76 à 79).

Au commencement du XVᵉ siècle, la matrice se trouvant

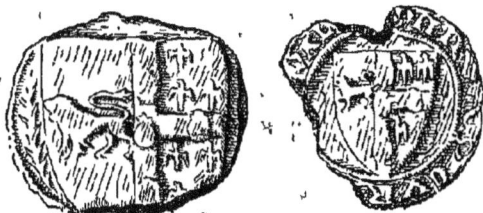

204-205. — Sceau des Contrats du commencement du XVᵉ siècle avec le contre-sceau du XIIIᵉ.

perdue ou brisée, on en fit graver une nouvelle ; mais le contre-sceau resta le même (figures 177 et 120).

Le troisième est de la fin du XVᵉ siècle (figures 175-176) ; il fut rapidement remplacé au commencement du XVIᵉ siècle

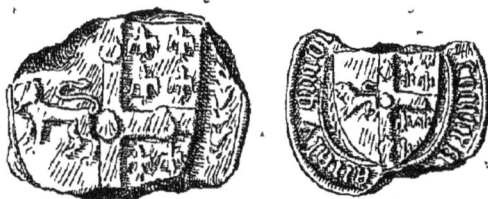

206-207. — Sceau et contre-sceau des Contrats, fin du XVᵉ siècle.

par un sceau, dont le musée de Laval possède une matrice originale, et qui a été déjà publié par M. l'abbé Angot à la page 22 de la *Notice biographique sur Guillaume le Doyen.*

208. — Sceau des Contrats de Laval au XVIe siècle.

Nous l'avons dessiné à nouveau. La légende est : SEL DES CONCTRATZ DE LAVAL GUION.

—Enfin, au commencement du XVIIe siècle, à l'époque où les la Trémoille viennent d'hériter du comté, on fit graver un nouveau cachet, dont tous les notaires de Laval firent usage jusqu'à la Révolution. Ce cachet ne rappelle en rien les armes des nouveaux propriétaires. Comme ceux qui l'ont précédé, il porte le léopard parti de Montmorency-

209. — Sceau des Contrats du XVIIe siècle.

Laval. L'exemplaire que nous avons dessiné nous a été communiqué par M. L. Garnier. Les lettres P N qui accompagnent l'écu, et qui ne figurent pas sur les sceaux précédents, signifient simplement : POUR les NOTAIRES.

En terminant cette étude, dans laquelle on trouve réunis pour la première fois les monuments sigillographiques des différentes familles ayant porté le nom de Laval, nous exprimerons un vœu et une prière.

Notre vœu c'est de voir reprendre les recherches de M. Demay ; c'est que les sacrifices nécessaires soient faits pour centraliser aux Archives, à Paris, non-seulement les moulages des sceaux de la Bibliothèque nationale, mais encore ceux de toutes les empreintes qui existent dans les archives départementales et en France. Les services rendus journellement par la collection actuelle indiquent l'extrême importance qu'il y aurait à la compléter.

Notre prière, c'est qu'on nous aide à combler les lacunes de notre travail. Nous croyons avoir donné tout ce qui est indiqué dans les instruments de recherche mis au service de l'érudition de notre époque. Nous demandons à ceux qui nous ont suivi jusqu'ici, de nous communiquer les trouvailles qu'ils auront la bonne fortune de faire. Toujours nous serons heureux de rectifier notre œuvre et, en y ajoutant, d'arriver s'il était possible à la compléter.

TABLE DES MATIÈRES

SCEAUX DESSINÉS

M. Teulet, en publiant la pièce 805 des Layettes du Trésor des Chartes, a constaté l'identité de ce sceau avec celui qui a été apposé à l'acte du 13 mai 1206 ; nous le restituons donc ici à Maurice III, de qui émane par conséquent la charte non datée à laquelle il est appendu, L 978 des *Archives*.

SCEAUX DÉCRITS SANS ÊTRE PUBLIÉS

MAMERS. — TYPOGRAPHIE DE G. FLEURY ET A. DANGIN. — 1888.

COMMISSION HISTORIQUE ET ARCHÉOLOGIQUE DE LA MAYENNE

APPENDICE AU TOME V

SIGILLOGRAPHIE

DES

SEIGNEURS DE LAVAL

1095-1605

PAR

BERTRAND DE BROUSSILLON ET PAUL DE FARCY

MAMERS

G. FLEURY ET A. DANGIN, IMPRIMEURS-ÉDITEURS

1888

LABOR ET SPECTA

TYP. DE G. FLEURY ET A. DANGIN, A MAMERS. — 1888.

www.ingramcontent.com/pod-product-compliance
Lightning Source LLC
Chambersburg PA
CBHW072106090426
42739CB00012B/2871